Enrico Brignano

NESSUN DORMA

... tranne lei

Rizzoli

Published by arrangement with S&P Literary
– Agenzia Letteraria Sosia & Pistoia

ISBN 978-88-17-09712-3

Prima edizione: ottobre 2017
Seconda edizione: ottobre 2017

Realizzazione editoriale: NetPhilo, Milano

Nessun dorma

Introduzione

Questo libro è dedicato a Lei. Non parlo di Lei che sta leggendo, con tutto il rispetto preferisco non usare pronomi cosiddetti di cortesia, anche perché con i miei lettori e con i miei spettatori ho sempre parlato a tu per tu, pur sempre con la massima educazione, naturalmente.

Lei è mia figlia, Martina, che solo a scriverne mi tremano le vene e i polsi. Sarà Lei la protagonista di questo diario, come anche di ogni giorno della mia vita a venire.

Eppure prima di Lei c'è Lei. Due Lei nella vita di un uomo non sono un problema solo quando si tratta di una figlia e di sua madre, quindi è doveroso per me cominciare dalla prima Lei, prima in ordine di apparizione, ovviamente. Per non fare troppa confusione la chiamerò Colei. Colei che amo. Colei che mi ha scelto e che ho scelto.

Colei è Flora, e ho detto tutto. Potrei dirne talmente tanto ancora da riempire le pagine di questo e mille altri libri, ma le parole non sarebbero sufficienti per esprimere ciò che provo quando pronuncio il suo nome.

«Cos'è un nome?» si domandava Giulietta quando sul balcone, nottetempo, ripeteva più volte quello del suo amato Romeo; come se soltanto chiamarlo per nome potesse farlo apparire, per magia. Un nome, come diceva Shakespeare, non è certo un braccio o una gamba, né nessun'altra parte del corpo dell'essere amato.

Il nome di chi ami è molto di più, è la chiave di uno scrigno pieno di incantesimi, un talismano d'amore, una specie di formula magica. E come Giulietta anch'io l'ho sussurrato alla luna, sul terrazzo di casa mia: «Flora, Flora, Flora... perché sei tu Flora?». Poi, siccome il sussurro non ha sortito alcuna magia, mi sono lasciato prendere dall'impeto e l'ho detto più forte: «Flora!». L'ho gridato, affinché il mio grido si perdesse nella notte: «... Floraaa...». Una civetta ha cantato in lontananza, quasi in risposta, perfettamente a tempo. Avevo chiamato Flora e mi aveva risposto Fauna. Non contento, preso da questa vena romantico-poetica, ho insistito: «Flooraaaa! Ah Flo'!».

S'è affacciato un vicino, che mi ha urlato: «Ah

Brigna', ma perché non je telefoni invece de rompe' li...».

L'ho interrotto prima che finisse la frase: «Grazie buon uomo! Seguirò il suo consiglio!». E, siccome mi stava guardando, Flora l'ho chiamata veramente.

«Pronto? Enrico, ma sei tu?»

«Sì...»

«Scusa, ma quando sei uscito, che non me ne sono accorta?»

«Be', non sono proprio uscito uscito... sto sul terrazzo!»

«Ma che ci fai lì? E soprattutto: che mi telefoni a fare, che sto in cucina?»

«No, è che io stavo recitando Giulietta...»

«Tu? Giulietta?»

«Sì, quando dice: "Romeo, Romeo, perché sei tu Romeo? Rinnega tuo padre..."»

«Ma rinnega tu' nonno» m'ha risposto il vicino, visibilmente esasperato.

«... No, scusi, è Shakespeare... lei non può capire.»

«No, no, io ho capito che oggi parlo con l'amministratore...»

Intanto Flora intimava al telefono: «Enrico, rientra subito in casa, sennò quello chissà che racconta alla prossima riunione di condominio...».

Sono rientrato, un po' mogio: il momento di romanticismo, l'enfasi del poeta m'erano passati.

Ma fortunatamente a lei no: mi stava aspettando in cucina, con un cupcake in mano e una candelina accesa.

«È mezzanotte e un minuto. Buon compleanno, amore!»

«Ma che meraviglia! Grazie! Cosa potrei desiderare di più?»

Flora mi ha sussurrato all'orecchio: «Non me lo dire. Soffia la candelina ed esprimi un desiderio».

Ecco. Questo racconto inizia con questo momento, con il mio desiderio, primo regalo del mio amore allo scoccare del mio primo mezzo secolo.

Uno

È il 18 maggio 2016. Oggi compio cinquant'anni tondi tondi. Cinquanta. Come le stelle della bandiera americana, come le sfumature di grigio, come le nozze d'oro, come il numero atomico dello stagno. Però io non mi sento per niente stagnante. Altroché. Io mi sento un fiume in piena, un mare in tempesta. Io c'ho da fa', c'ho da anna', non posso mica sta' qui a perde' tempo. Ma qui dove? Dovunque! Io devo correre, perché la vita è un mozzico, è un alito di vento, un battito di ciglia, ti addormenti che sei un ragazzino e ti svegli che sei un uomo di mezza età. Infatti sto nel mezzo del cammin, sto alle soglie del mezzo secolo, praticamente sto sempre in mezzo. Il tempo passa e io devo carpere il diem, ho troppe cose da fare ancora, troppa vita da vivere, troppi sogni da sognare, e li voglio sognare a occhi aperti.

Infatti stamattina mi sono alzato presto. Alle undici. Che comunque è prima del solito. Sono stato svegliato dal pianto di un neonato... Ero un po' sconcertato, lo devo ammettere. Ero esterrefatto, spaesato... Ero pure un po' incazzato: ma chi è che mi porta a casa un neonato di prima mattina? Ma come gli viene in mente? Il giorno del mio compleanno, poi! Mi dovete svegliare con dolcezza, magari con una bella tazzina di caffè e due biscottini.

«Ma chi è che piange?»

«Amore, vieni a vedere!» risponde Flora, la mia compagna, che fa capolino dalla porta della camera da letto. «Guarda cosa ho trovato!»

E mi mostra tutta contenta un vecchio filmino, che ha fatto riversare su un dvd: un neonato che piange disperato, in braccio a mia madre, con mio padre accanto, nella mia casa di quand'ero piccolo.

«Ma chi è?»

«Come chi è? Sei tu! Non ti riconosci? Guarda che tenerezza!»

Io fisso lo schermo, osservo quel bambino che sbraita come fosse posseduto dal demonio e penso che sia un miracolo che i miei mi abbiano permesso di arrivare a cinquant'anni senza eliminarmi prima!

Fra l'altro... guarda guarda: avevo le orecchie grosse e a sventola, già da neonato! Due fettine panate a forma di orecchie. Mia madre da piccolo per prendermi in braccio mi sollevava per le orecchie come Zoff con la coppa Italia. Il pediatra, da cui i miei mi avevano condotto per un consulto, aveva azzardato l'ipotesi che questa ipertrofia auricolare fosse da addebitarsi a una predisposizione genetica all'ascolto, magnificando le facoltà auditive che tale gigantismo poteva riservare. Feci finta di non sentire... Mia madre gli rispose che in famiglia nessuno aveva orecchie siffatte e il medico disse che con l'età il difetto sarebbe scomparso, o aumentato. Grazie a Dio scomparve: le mie orecchie rimasero grandi fino ai quindici anni, poi credo che abbiano smesso di crescere e invece c'è cresciuta la testa in mezzo, quindi si sono ristabilite le giuste proporzioni.

«Com'eri carino!»

Guardo Flora, poi riguardo il piccolo me: un minuscolo sgorbio urlante, con le guanciotte piene, quattro peli sulla testa e una certa grinta, a giudicare dalla veemenza con cui mi aggrappo al biberon. Eppure lei mi vede carino. Mah! Ringrazio Dio che, per qualche oscuro motivo che mi rende un uomo molto fortunato, lei sia accecata dall'amore e annoto mentalmente: «visita oculistica per Flora». Comunque sono contento che abbia trovato quel video e decido che lo mostrerò a mia madre, le farà sicuramente piacere.

Ma è ora di darsi una mossa, inizia la mia giornata da neocinquantenne. Flora mi riempie di piccole attenzioni, di regalini, di sorprese. La giornata tutto sommato è partita bene, anche se l'immagine di quel bambino, che ancora doveva affacciarsi alla vita e già piangeva come se avesse capito tutto, non mi abbandona. Quasi mi dispiace per lui, chissà perché.

Che poi... lui? Ero io! E in fondo, a cinquant'anni, se mi guardo indietro posso essere contento di quello che ho costruito. Forse mi dispiace per ciò che lo aspetta, per certe cose che non ha vissuto ancora, che vorrei evitargli e che invece gli toccheranno lo stesso... Come quelle botte che dovrà prendere quando, all'età di sette anni, in modo assolutamente accidentale e involontario, darà quasi fuoco alla casa... Avrà delle attenuanti a suo vantaggio, come il fatto di non sapere che non è consigliabile giocare alla torcia umana in salotto, o che le tende sintetiche sono particolarmente infiammabili, ma queste argomentazioni non faranno presa su suo padre, che lo pisterà come l'uva dimostrando di non conoscere fino in fondo il metodo di educazione montessoriano.

Mi dispiace per quel bambino che scoprirà di essere negato per il calcio quando i suoi compagni di oratorio litigheranno per lui. Per non averlo in squadra, ovviamente.

Mi dispiace per il ragazzo che, a diciassette anni, scoprirà che la ragazzina che gli piace tanto e che ha idealizzato a tal punto da non riuscire neanche ad avvicinarla, la conoscono già tutti gli altri. Biblicamente.

Mi dispiace per tutte le figuracce, per le persone che lo feriranno e per quelle a cui lui farà del male. Forse mi dispiace perché nessuno è perfetto e lui di certo non fa eccezione.

Mi dispiace perché la vita è una sola e, a poterla rivivere da capo con la consapevolezza di oggi, sarebbe fantastico. Ma forse, più di ogni altra cosa, visto che non si può vivere di nuovo dal principio, mi dispiace che tutto quello che ho imparato, tutta la mia esperienza non li possa trasmettere a nessuno.

Ecco, mi sa che il punto è questo: mi dispiace di non essere padre. Non lo avevo mai capito così chiaramente fino a questo momento. Certo, i bambini mi sono sempre piaciuti, quelli dei miei amici o dei parenti che mi venivano a trovare, anche se ogni volta pensavo con un certo conforto al momento in cui se ne tornavano a casa loro con i genitori. Eppure, è da qualche anno che penso a un figlio, un me in miniatura a cui insegnare le cose, in cui riconoscere magari proprio quelle mie orecchie a sventola... chissà.

Ma non voglio pensare a questo, adesso. Mi aspetta una giornata importante: cinquant'anni che questo mondo mi ospita e mi permette di imparare, conoscere, crescere. Certo, se mi facesse crescere un po' meno, in senso orizzontale soprattutto, che mi tocca stare sempre a dieta, sarei ancora più grato, ma bisogna sapersi accontentare.

In barba alla dieta, stamattina mi fiondo su una bella brioche, un «cornetto» come lo chiamiamo noi a Roma. Marmellata o cioccolata? Se uno deve concedersi uno sfizio, meglio farlo per bene: cioccolata. Sto per addentarlo, quando Flora me lo strappa di mano: «Ma che sei matto? Amore, adesso hai cinquant'anni... devi stare più attento alla salute. Lo sai che il cornetto contiene il trenta per cento di grassi saturi che aumentano i trigliceridi, lo zucchero raffinato che provoca il diabete, il glutammato e il lievito che massacrano il fegato e l'olio di palma che ammazza l'orangotango? La possibilità di avere un infarto aumenta pericolosamente... Enrico, con il cornetto si muore!».

«Parli di me o dell'orangotango?»

«Parlo di te!»

Faccio un gesto apotropaico (detto in modo meno elegante, per scaramanzia do una toccatina alle mie parti intime; ma lo faccio con nonchalance, piroettando ad arte verso il lato opposto al suo, di modo che lei non se ne accorga). Intanto lei ha sostituito il cornetto con venti grammi di crusca d'avena, due biscotti al grano saraceno e una mandorla. Io mi avvicino alla macchina del caffè, ma Flora mi strappa la cialda di mano: «Il caffè assolutamente no. Al massimo decaffeinato, oppure d'orzo... meglio sarebbe una tisana al finocchio».

«No, ti prego, la tisana al finocchio di prima mattina no... preferisco niente.»

«Lo sai che dopo i cinquanta l'andropausa è dietro l'angolo? E cosa la causa? Eh? Lo sai cosa la causa?»

«Veramente io...»

«L'ipertensione! E il caffè provoca l'ipertensione. E quando uno è iperteso, neanche se ne accorge perché la malattia è subdola. Parte con affaticamento muscolare, insicurezza, senso di inadeguatezza, depressione... Ti senti iperteso, tu?»

In quel momento mi aveva così suggestionato che mi sembrava di soffrire di tutti i sintomi descritti in ordine d'apparizione, ma ho ribattuto con un poco convinto: «Mah, non saprei... non me sembra...».

E lei, inesorabile: «E poi porta anche a un abbassamento della libido!».

A quel punto, il mio orgoglio di maschio si è ribellato: «Eh no! Questo no! E te lo dimostro subito!».

Volevo fare come nei film: sparecchiare la tavola imbandita per la colazione con un solo braccio, gettando tutto a terra, per possederla seduta stante.

Ma Flora l'ha capito e mi ha freddato con un'occhiataccia: «Ho apparecchiato col servizio buono. Non ce prova'».

Allora l'ho presa in braccio e ho sentito una lieve fitta alla schiena; l'ho ignorata e ho proseguito verso la camera da letto. Non è stato troppo romantico questo passaggio, perché nelle intenzioni volevo sembrare Richard Gere quando solleva Debra Winger in *Ufficiale e gentiluomo*, invece l'avevo tirata su tipo sacco di cemento e me l'ero messa su una spalla... un riflesso condizionato della mia prima esperienza di lavoro come muratore.

Anche se sullo stile lasciavo un po' a desiderare, sono arrivato al letto; ce l'ho depositata sopra e, nell'allungo, mi sono strappato la maglia del pigiama. Ho ignorato il contrattempo e mi sono gettato su di lei, ma l'ho fatto con un po' troppa veemenza, un po' fuori controllo, tant'è che ci siamo dati una capocciata che ci ha lasciato storditi per qualche secondo.

«Vabbe', dài Enry, non fa niente.»

Ma la mia fierezza da maschio latino non era sopita. Mi sono rialzato, ho respirato a pieni polmoni, ho camminato verso la porta come John Wayne prima del duello e ho ritentato un tuffo verso il letto.

Aridanghete! Ho sbattuto contro la cassapanca, anzi, per l'esattezza mi ci sono scartavetrato sopra, procurandomi un'escoriazione diffusa lungo tutta la fiancata sinistra, dall'osso pelvico alla caviglia. L'impeto amoroso si è smorzato all'istante. Qualunque altra donna si sarebbe imbestialita. Flora no. Flora mi ha guardato, siamo scoppiati a ridere e mi ha detto: «È anche per questo che ti amo». Ed è stato il regalo più bello che potessi ricevere.

Nel pomeriggio, sono andato a trovare mia madre, la mia genitrice. In fondo, se sono qui, è principalmente grazie a lei. Certo, anche mio padre ci ha messo del suo, ma part-time, a mezzo servizio, il lavoro vero l'ha fatto mamma Anna. La quale, appena mi vede, mi accoglie con un affettuoso: «Ah, ciao eh».

«Ciao ma'.»

«Finalmente ti presenti!»

«Ma perché? Che è successo?»

«Niente, per fortuna. Ma se fosse successo qualcosa, l'avresti saputo dai giornali.»

«Che esagerazione, ma'. Si può sapere che c'hai?»

«Niente, che c'ho? Che posso avere io, che sto sempre qui da sola... che non vedo mai nessuno...»

«Ma veramente è una settimana che provo a chiamarti e mi dici che non puoi parlare al telefono perché c'hai gente...»

«Che c'entra? Quelle sono persone che conosco, amici, vecchi clienti della frutteria... quando dico che non vedo mai nessuno, intendo nessuno che mi sia parente.»

«Ma se zia Carmela abita sul tuo stesso pianerottolo?»

«Uff... allora non vuoi proprio capire? Parlo di te!»

«Che ho fatto?»

«Cosa non hai fatto! Non mi vieni mai a trovare! Io, povera vecchiarella... per me tutti i giorni sono uguali, passano lenti mentre fuori cambiano le stagioni...»

«A ma', ce manca solo il sottofondo musicale dei *Miserabili*! Eddai! Io vengo tutte le volte che posso! Ma poi, se di giorno ti annoi, perché non attraversi la strada? C'è quel centro anziani, proprio qui di fronte! Potresti farti degli amici, giocare a Monopoli con loro, ballare un po' il valzer.»

«Centro anziani? E che, so' vecchia io?»

«Ma veramente l'hai detto tu che sei una vecchiarella...»

«Enrico, io da quei quattro rincoglioniti non ci vado. Che poi c'è pure uno, quello che faceva il ciabattino, che m'hanno detto che c'ha le mani un po' lunghe.»

«Ma dai! Le allunga nelle borse delle signore?»

«No. Le allunga sotto le gonne delle signore.»

Okay. Ora sono imbarazzato. Un genitore, per quanti anni abbia, è sempre asessuato per il figlio. Io, per esempio, fino ai trentotto anni ho coltivato la convinzione di essere nato per partenogenesi, come certi animali in cui la cellula-uovo si sviluppa senza essere stata fecondata. E ancora non mi sono del tutto convinto che non sia andata così. O al massimo, siccome si dice che si nasce sotto un cavolo, pensavo di essere nato direttamente in negozio.

«Ma non divagare. Qui la questione non è andare al centro anziani. Si parlava di te, che non ci sei mai. Che lasci sempre sola me, quella povera donna che ti ha partorito con dolore, dopo tredici ore di travaglio, al San Camillo... Per carità, non che voglia rinfacciare, eh. Ma sono io quella mamma amorevole che ti ha portato in grembo per dieci mesi...»

«Ma', ma non erano nove?»

«Eh, oggi. Una volta erano di più, c'era l'inflazione. Ma poi, che ne sai tu? Di che parli? Te ne ricordi? No. Io invece sì. Io c'ero. E ti ho cresciuto tra mille sacrifici, assieme a tuo padre. Noi ci toglievamo il pane dalla bocca per darlo a te. Già masticato, così eri avvantaggiato. La vita era diversa, cinquant'anni fa, sai? A proposito... ma tu oggi compi cinquant'anni!»

«Sì, mamma! Sono venuto a trovarti proprio perché mezzo secolo fa ci siamo incontrati per la prima volta, io e te!»

«Te stai a fa' vecchio, eh?»

«Ma mamma!»

«Che c'è, che ho detto?»

«Niente, lascia stare. Però... senti: ti ho portato una sorpresa. Vieni con me!»

Andiamo in salotto e le metto su il dvd con cui sono stato svegliato stamattina.

«Mamma mia, com'ero giovane! Quella copertina me la ricordo, te l'aveva fatta zia Maria. Uh, come mangiavi di gusto! Questo t'è rimasto, eh?»

Sempre pungente, mia madre. Non cambia mai. Eppure, quando arriviamo alla fine del video mi accorgo che ha gli occhi lucidi: «Quanto eri bello... Buon compleanno, figlio mio».

Perché l'amore di una madre, anzi soprattutto quello, è un amore incondizionato e cieco. Anche quando ce l'ha un po' con te. Devo confessare di essere un po' emozionato, un po' troppo veramente; sento il rubinetto degli occhi che cede e devo sforzarmi di non cedere io alla commozione. Con mia madre mi succede così! Me ce frega sempre. Cerco di sviarmi dalle lacrime incipienti: «Mi raccomando, stasera fatti trovare pronta. Rino passa a prenderti alle sette». Rino sarebbe mio fratello.

«Perché, dove mi deve portare?»

«Ma come dove? Alla mia festa. Mi raccomando, lo dico a te come a tutti gli invitati: *dress code black and white*!»

«Ma che vor' di'?»

«Bisogna venire vestiti o in bianco, o in nero, o zebrati!»

«E perché 'sta cosa?»

«Perché... non lo so perché... ma adesso scappo. C'ho da fa', devo anna', devo core...»

In macchina ripenso al bianco e al nero, come alla scacchiera della vita, in cui ciascuno fa le proprie mosse nella speranza di riuscire a fare scacco matto. Tutto sommato un favore per i miei invitati. Li sollevo dalla scelta dell'abbinamento giusto.

Due

Sono di nuovo nel mio letto. Sono le quattro del mattino e la festa è finita da poco. Guardo il soffitto, grazie alla tenue luce che penetra dalla finestra, e mi viene da ripercorrere con la mente tutti i momenti più belli, più divertenti e più emozionanti della serata. Si dispiegano davanti ai miei occhi, come se il quadrato bianco sopra il mio letto fosse un telo e i miei ricordi ci finissero proiettati sopra... sono appena accaduti, eppure sono già ricordi!

Sembra ieri che ho compiuto cinquant'anni... aspetta un attimo: ma era ieri!

Certo, era ieri sera, eravamo in spiaggia per l'aperitivo: sono venuti quasi tutti, gli invitati. E non è per vantarmi, ma erano tutti bellissimi: dalle amicizie più recenti ai compagni storici di mille avventure, si sono tirati tutti a lucido e si sono presentati per farmi la festa. Che detto così può suonare male, ma erano animati dalle migliori intenzioni.

Dopo l'aperitivo, una bella cena. Ho girato tra gli invitati e, a ogni tavolata, mi sono reso conto che ognuno era un riassunto vivente della mia esistenza: avrei potuto dare a ogni tavolo il nome del periodo della vita che rappresentava. I miei cugini e mio fratello: l'infanzia. Gli amici di Dragona: l'adolescenza. Qualche amico del Laboratorio di Gigi: la giovinezza. Il mio produttore, gli autori, il gruppetto più stretto degli attori che con me hanno fatto *Rugantino*: il presente. Flora: il futuro.

Per inciso, devo dire che tutte le fasi della mia vita erano caratterizzate da un eccellente appetito, ieri sera: se so' magnati tutto. E, tra un boccone e l'altro, è stato un continuo di «ti ricordi quando...», «che ridere a ripensare al giorno che...», «siamo cambiati, dài, ma in meglio».

E, manco a farlo apposta, sono riemersi nella mente tutti i compleanni passati. No, non sono un tipo nostalgico, anzi: io vivo nel presente e, sempre più spesso, pensando al futuro. Questo tuffo nei vecchi compleanni è stato più che altro un recupero di sensazioni che mi ha reso più completo e pieno, pronto ad affrontare questi cinquanta. Mi sono risaliti alla memoria come in un trailer, a ritroso. Anche quando non li avevo voluti o potuti festeggiare, come la prima volta che andai a New York e trovai lavoro da cameriere. Mi sono ricordato dell'emozione di quando, al sedicesimo compleanno, ricevetti in regalo il primo motorino... Mi sono reso conto, ad esempio, di ricordare nitidamente il compimento dei miei otto anni.

Fu un compleanno cruciale, per me. Quell'anno, mia madre mi permise di fare una festa a casa. Certo, ci sarebbero stati pochi bambini perché, come sapete – l'ho raccontato più volte – la mia genitrice ha sempre avuto l'ansia della pulizia.

«Va bene, fai venire gli amichetti. Ma pochi, sennò sporcano. E vi chiudete in cameretta tua, mentre noi grandi staremo in sala da pranzo.»

«E dove sarebbe, ma'?»

La domanda era lecita. In casa c'erano delle zone *off limits*, specie per noi bambini, che sennò le sciupavamo. Per esempio, la sala da pranzo e il salotto. A dire la verità, io ho scoperto proprio col mio ottavo compleanno che avevamo due stanze in più... e non le ho potute vedere fino ai diciotto, il giorno in cui mi sono diplomato a scuola, perché abbiamo fatto una bella festa coi parenti; i miei li hanno invitati per far vedere il diploma appeso in salotto, sennò non ci avrebbero creduto che ce l'avevo fatta!

Comunque, torniamo al mio ottavo compleanno. Dopo aver strappato il sì di mia madre, ho invitato i miei compagni: quattro maschietti e due femminucce, di più non mi era concesso. Quel pomeriggio ero emozionatissimo: mi ero vestito bene, avevo cercato di sistemarmi i capelli – e non era facile, sempre per via delle orecchie – e avevo preparato qualche gioco da fare, tipo quello della scopa e quello della bottiglia. Per i più giovani: siccome le ragazzine a quei tempi erano molto più riservate e pudìche di oggi, l'unico modo per abbracciarle un po' o farsi dare un bacetto era farglielo fare per gioco o per penitenza. A dirla tutta, a otto anni delle ragazze non mi interessava neanche troppo, ma avere la fidanzatina faceva figo pure se poi, una volta che ti ci eri messo insieme, non sapevi cosa farci.

Sempre per i più giovani: il sesso, quando ero piccolo io, era tabù. Non se ne parlava a scuola, non se ne parlava a casa; al massimo, se ne parlava con gli amici, che siccome ne sapevano ancora meno di te non facevano altro che confonderti le idee. A essere sinceri, mio padre un discorso sul sesso me lo ha fatto. Avevo trentadue anni ma, oh, meglio tardi che mai. Mi ha detto: «Eri'... le ragazze... non è semplice, eh! Tu quand'è... calmo, sennò poi non... allora fai l'occhiolino e quando vedi che lei... e che anche tu sei... che siete a casa con la luce spenta e le finestre chiuse che non se ne accorge nessuno... vai... e poi te la sbrogli. Chiaro?».

«Chiarissimo, papà. Grazie.»

Mio padre era un uomo d'altri tempi, di quella

generazione che non parlava di sesso, che non parlava d'amore, che non parlava d'affetto. Che non parlava, in generale. Io, mio padre, lo intuivo e lo interpretavo.

In compenso, c'era mia madre che non stava mai zitta. Perciò, prima che arrivassero i miei amichetti, mi istruì ben bene: «Mi raccomando: appena suonano alla porta, tu apri ma non li far entrare che ho appena lavato per terra. Lasci la porta della camera aperta e gli fai prendere la rincorsa, così con un bel salto passano dall'entrata direttamente in cameretta tua. Ah! Ho tolto le coperte e le lenzuola ai letti, sennò magari mentre mangiano i panini e i tramezzini me li sporcano. Già che c'ero, ho tolto proprio i letti, sennò macchiano i materassi. Ho messo la plastica dappertutto, così chi si siede o chi s'appoggia non lascia le impronte...». Mia madre bonificava la casa come gli agenti del Ris sulla scena di un delitto.

«Mamma, ma allora che è rimasto?»

«Be', ho lasciato qualche sedia, tanto non sono imbottite. E per arredare un po' ho messo due statuine di coccio che ha portato zia Marisa dal viaggio di nozze a Venezia.»

«Ma se poi ci sbattiamo e le rompiamo?»

«Magari! Non me so' mai piaciute... Ah! Un'ultima cosa: ho comprato quattro pappagalli, li trovi in camera.»

«Mi hai comprato degli animali? Che bello mamma, grazie! Un regalo fantastico...»

«Enrico, non scherziamo: io animali in casa non ne voglio! Ho comprato i pappagalli, quelli di plastica, così gli amichetti tuoi ci possono fare la pipì dentro senza andare in bagno, che poi me lo sporcano!»

«Ma come? E poi... le mie compagne?»

«Eh, per loro non ho trovato soluzione. Ma essendo femmine, spero che saranno più attente. Potranno usare il bagno, ma non più di una volta per una.»

«Ma mamma!»

«Enrico, ascolta tu' madre... che sennò lo sai... io so' uno che... mica che... e basta.»

Anche se questo intervento di mio padre può sembrare criptico ai più, io avevo capito benissimo: la traduzione immediata e concisa sarebbe «guarda che te gonfio come un canotto».

Poi i miei amici arrivarono: ricordo ancora quel senso d'attesa e trepidazione tra il suono del citofono e l'arrivo degli invitati alla porta, un'emozione che forse, oggi, provo solo nell'attimo prima che si apra il sipario, quel misto di impazienza e paura, difficili da spiegare, ma che abbiamo provato tutti prima o poi.

Ricordo che quel giorno giocammo e ci divertimmo moltissimo; ma del resto eravamo piccoli, pieni di energia e senza un solo pensiero al mondo, se non come evitare le interrogazioni di storia e come saltare i compiti per andare a giocare all'oratorio. Erano tempi allegri, quelli.

E poi, il mio ottavo compleanno mi regalò anche il primo bacetto sulle labbra da parte di una ragazza. Avevamo già fatto il gioco della scopa, che mia madre aveva leggermente ritoccato, infatti a ognuno cui capitava la scopa intimava: «Non la sollevare da terra, fattici un bel giro, passa dappertutto... quando la dai a qualcun altro ti assicuri che faccia lo stesso e, se poi vi va, lo rifate con lo scopettone e lo straccio... mi raccomando gli angoletti e il battiscopa».

A un certo punto qualcuno propose: «Perché non facciamo il gioco della bottiglia?». Ci mettemmo tutti in circolo; le bottiglie non ci avevano permesso di usarle perché erano tutte di vetro e avevano paura che ci facessimo male, così, in mancanza di meglio, avevamo usato uno dei pappagalli che non era servito ai miei amici. Rammento che toccò a Lucia, la bambina che, quando la vedevo, mi provocava azzeramento della saliva, gambe molli e rossore acceso alle orecchie, come se non fossero già troppo manifeste da spente. Lucia la temeraria disse: «Bacio». Temeraria perché nessuno aveva mai scelto «bacio». I maschi per una questione statistica: con quattro ragazzini e due ragazzine, la probabilità di dover baciare sulle labbra un compagno era troppo alta. Le femmine invece non lo dicevano mai sia perché, come spiegavo sopra, erano pudìche, sia perché uno dei maschi era Roberto detto «ringhiera», non tanto perché ringhiasse ma a causa del suo apparecchio.

Era il 1974 e quasi nessuno lo portava, ma Roberto sì, e aveva quello fissato non alla bocca ma proprio alla testa con quella che sembrava una specie di gabbia e che impediva al poverino di controllare le secrezioni di saliva. Quando parlava Roberto, tutti si tenevano a distanza di sicurezza per via degli spruzzi che gli partivano dalla bocca... figuriamoci come doveva essere allettante l'idea di baciarlo! Eppure Lucia, la «mia» Lucia, aveva sfidato la sorte e aveva detto «bacio».

Io guardavo il pappagallo girare vorticosamente e pregavo «fermati davanti a me, fermati davanti a me!». Non si fermò davanti a me. Purtroppo puntò indubitabilmente Alberto: capelli biondi, occhi azzurri, il più alto della classe, bravissimo a scuola e sempre vestito all'ultima moda. Lucia lo baciò e io sentii una stretta allo stomaco mentre Linda, l'altra ragazzina, ribolliva per la rabbia perché avrebbe voluto baciarlo lei.

Ma si sa, chi non risica non rosica; così anche Linda disse «bacio», ma le capitò Roberto. Lei non volle baciarlo, Roberto si mise a piangere, Alberto cominciò a prenderlo in giro, gli altri due miei amici lo difesero e scoppiò un mezzo putiferio: intervennero i genitori e la festa finì così.

Stava andando tutto malissimo, ero triste e convinto che fosse la peggior festa della storia delle feste di ragazzini. Eppure, quando accompagnai Lucia a prendere il suo giacchetto e restammo soli, lei mi disse: «Grazie della festa, Enrico». Mi diede un bacio sulle labbra, poi mi sussurrò all'orecchio: «Avevo detto "bacio" per te» e scappò via.

Io cercai di risponderle, ma mi uscì solo un «bhuwhehhenngghe...». Ero troppo sconvolto e inebetito per parlare, ma tanto con lei ero certo che sarebbe bastato il linguaggio del cuore.

Sì, perché in quel preciso momento io lasciai la terra spensierata e pura dell'infanzia per approdare ai lidi della preadolescenza. Cominciai a intuire che le ragazze erano un'invenzione notevole e che c'era un potenziale rapporto tra uomini e donne che ancora non avevo esplorato, ma che mi attirava come il miele attira gli orsi.

Quella sera andai a dormire, dopo aver riportato il letto in camera, con la convinzione di aver fatto una scoperta epocale e che la mia vita sarebbe cambiata in meglio molto presto, grazie a Lucia.

In effetti, per un po' fui molto felice, almeno finché Lucia non mi lasciò per Roberto che, una volta tolto l'apparecchio, si rivelò essere un bel ragazzino, tra l'altro con un sorriso perfetto.

C'è da dire che non me la presi molto, perché nel frattempo io avevo conosciuto un'altra bambina, Elisa, durante le vacanze estive in Abruzzo, dai parenti di mia madre. Una sera si festeggiava la ricorrenza del santo patrono: eravamo tutti in piazza per vedere i fuochi d'artificio ed Elisa mi prese la mano, ci sorridemmo e non c'era nient'altro da dire, il nostro sguardo valeva più di mille parole.

Proprio come oggi, solo che accanto a me non c'è una bambina ma c'è Flora, che mi stringe la mano mentre guardiamo i fuochi d'artificio che Luisa e Massimiliano, rispettivamente agente e produttore ma soprattutto miei amici fraterni, mi hanno riservato come sorpresa per festeggiare questo mezzo secolo di vita.

Lo confesso: sono commosso ed entusiasta, mi sento per certi versi ancora come quel ragazzino di otto anni. E mi pare una cosa bella, che dovrei apprezzare.

Anzi, mentre guardo su nel cielo penso che, anche se il tempo passa, bisognerebbe proprio cercare di trattenere con sé la capacità dei bambini di stupirsi e di emozionarsi, che sia davanti ai fuochi d'artificio, o per un bacio innocente, o persino perché si tiene stretta nella propria la mano della persona che si ama.

Tre

«Ecco qua una bella lasagna!» Flora ne ha appena sfornata una teglia, e questo è già abbastanza strano. Adesso poi ne sta tagliando una generosa porzione: anche questo è piuttosto insolito. «Tieni. Buon appetito, amore!» Piazza il piatto con sopra una mattonella di pasta al forno proprio davanti a me: e questo è molto più che anomalo.

È preoccupante. Quando fa così comincio a sudare freddo, le gambe mi tremano e resto in silenzio, terrorizzato da quello che, lo sento, sta per dirmi. Perché so che non mi piacerà. Quasi rimpiango i suoi soliti piatti, quelli che lasciano allo sguardo ampi spazi di ceramica bianca, dove campeggia solitaria un'oliva, con tre foglioline di lattuga e una polpetta del diametro di un centimetro. Questa lasagna fumante e filante, appena abbrustolita in superficie, si staglia davanti a me come una minaccia strisciante. Rimango con la forchetta a mezz'aria e negli occhi due punti interrogativi al posto delle pupille.

«Non mangi?»

Flora mi sorride e aspetta che io addenti il primo copioso boccone, ma improvvisamente mi si è chiuso lo stomaco.

«Sì, sì. Certo. Ne hai fatta tanta, eh...»

«So che ti piace! Per una volta ho pensato che si poteva abbondare.»

Cominciamo a mangiare. In silenzio. E anche questa è una stranezza, perché Flora e io parliamo sempre tantissimo. Tra l'altro, ho imparato che maggiore è il silenzio, peggiore è l'argomento che vuole affrontare. E oggi tace da oltre mezz'ora. Il tempo che io impiego a consumare un piatto che in frangenti normali avrei divorato in quattro secondi netti.

Quando poi mi dice: «Ti va una bella fetta di tiramisù?», lei che come Robin Hood mi toglie i bignè dalle mani per darli ai poveri di trigliceridi, non resisto più e sbotto: «Allora, vuoi parlare o no? L'ho capito, qualcosa bolle in pentola... Cioè, spero solo metaforicamente perché mi hai fatto mangiare da scoppiare».

«Ma noooo... figurati! Cosa vai a pensare! Ho solo voluto essere premurosa nei tuoi confronti.»

«Flo... dài, seriamente: che mi devi dire? Non tergiversare troppo perché mi fai preoccupare.»

«Ma no, Enry. Niente. Ora, solo perché ti ho fatto mangiare cose che di solito ti impedisco anche solo di guardare in fotografia, non è che necessariamente ti debba parlare di cose spiacevoli... mi sembra persino un po' offensivo che tu mi pensi così meschina da prenderti per la gola per farti richieste che so che non affronteresti bene... è questa l'idea che hai di me? Anzi, sai una cosa? Io penso che dovresti chiedermi scusa.»

Le sue parole mi colpiscono. Effettivamente sono prevenuto, sono stato ingiusto: ha voluto solo coccolarmi un po'. È stata gentile e dolce; e, fatemelo dire, la lasagna la fa che è una bomba.

«Hai ragione. Scusami, non volevo offenderti né disprezzare tutte le tue attenzioni. Grazie per questo pranzo. Anzi... se si potesse avere una porzione di quel tiramisù...»

«Certo. Ora te lo porto. Ah! Quasi dimenticavo... ti ho preso un appuntamento per andare a fare lo spermiogramma.»

Alla parola «spermiogramma» sputo il sorso d'acqua che sto bevendo.

«Cosa? E perché?»

«Be', amore, abbiamo un po' parlato dell'eventualità di avere figli, no? Allora l'ho detto a mia madre...»

«Come, a tua madre?»

«Sì! Che mi ha consigliato di chiedere al dottore di farti fare un esame per vedere se lì sotto va tutto bene.»

«Scusa... non so se ho capito bene... tu e tua madre avete deciso che devo far controllare le mie... il mio... sì, insomma, la roba mia? Ma questa cosa è imbarazzante!»

«Ma non c'è niente per cui imbarazzarsi! Sono esami di routine. L'ha detto pure nonna!»

«Eeehhh? Ma perché, c'era pure lei quando ne avete parlato?»

«Sì. Non vedo dove sia il problema! Eppure mi aveva avvertito, Isabella, che avresti reagito così.»

«Mo' che c'entra Isabella?»

«Eravamo tutte a cena e mi hanno dato consigli...»

«Eravamo? Ma fammi capire: tu hai fatto un dibattito con tutte le tue amiche per parlare di questa cosa?»

«Cosa dici? Nooo! Non esagerare. Mancavano Elisa e Nancy.»

E io, sarcastico: «Ah, be', se mancavano Elisa e Nancy, è tutta un'altra cosa...».

«A loro l'ho scritto su WhatsApp.»

«Ma Flo! Tutto questo è inaccettabile! Non riuscirò più a guardarle in faccia. Ti avviso: la prossima volta che c'è una cena con le tue amiche, io non ci vengo. È escluso.»

«Ma quanto la fai lunga! Non c'è nulla di cui vergognarsi. Quello che ti chiedo è solo di fare un controllino preventivo, un esame del liquido seminale per verificare che non ci siano problemi di fertilità, ecco.»

«Ma scusa: abbiamo deciso di mettere in cantiere un figlio soltanto tre giorni fa... si può dire che non ci abbiamo ancora neanche provato! Mi sembra un po' prematuro controllare se i miei "cosi" sono ancora allenati e corrono dritti alla meta come dei centometristi, oppure se hanno bisogno di un po' di Gatorade, no?»

«Se ci fossero problemi, non sarà il Gatorade a risolverli.»

«Era una metafora... comunque no, non sono disposto a fare questo esame. Non ancora. Io mi sento bene, magari non sarò un giovanotto ma mi sento comunque lo sparviero di sempre.»

«Amore, tu sei più sparviero che mai, anzi, sei un leone, un ghepardo, uno stallone...»

«Vabbe' adesso non esageriamo...»

«Non esagero affatto, e proprio per questo non dovresti fare tante storie. Nessuno mette in dubbio le tue qualità di macho latino... Si tratta di un esame preventivo, solo per stare più tranquilli. E poi che cosa ti costa? Devi solo fare un "deposito", per giunta piacevole. Non certo come gli esami che ho fatto io.»

«Perché, tu li hai già fatti?»

«Certo. Due anni e mezzo fa.»

«Ma quasi non vivevamo neanche insieme!»

«Che c'entra? Io sono previdente. Mi sono portata avanti, io. Sai in quale percentuale l'infertilità di una coppia è dovuta a problemi dell'uomo?»

«No, e non lo voglio sapere.»

«Il trenta per cento. Guarda che è tanto! Comunque, per carità, se non vuoi fare lo spermiogramma non ti posso certo obbligare. Mi piacerebbe, ma non posso. Quindi decidi tu.»

«La mia decisione è no. Almeno, non per ora. E non voglio avere addosso questa ansia da inseminazione.»

«Va bene. Discussione finita. Vedi? Basta parlarne, delle cose. Io sono una comprensiva, mica sono arrabbiata per questo! Assolutamente no. Ci mancherebbe. Per così poco.»

«Bene. Mi fa piacere che tu la prenda con razionalità e compostezza. Senti... ma quella fettina di tiramisù?»

«Prova a toccarla e sei un uomo morto.»

Ecco. Mi pareva...

Nei giorni seguenti ho ripensato alla richiesta di Flora: forse avrei dovuto spiegarle che parte della ragione del mio rifiuto dipendeva dal fatto che non ho mai avuto problemi con l'attrezzatura virile. Ma poi ho riflettuto: se problemi di questo tipo non ce ne sono mai stati, tanto vale tranquillizzarla e farmi dare una guardatina da un dottore appropriato.

La visita dall'andrologo è qualcosa che prima o poi succede a tutti i maschi di mezza età. In questo siamo radicalmente differenti dall'altra metà del cielo: le donne. Per una donna la visita periodica dal ginecologo è un appuntamento ricorrente dall'adolescenza, le donne sono più abituate. Per quanto possa essere seccante spalancare le proprie intimità davanti allo sguardo di un medico, spesso e volentieri donna anche lei (ma non è una regola), la prassi preventiva e la superiore cura di sé le rendono esperte.

Un uomo non ci sta a priori che il proprio apparato riproduttivo possa avere delle defaillance; ma che, siamo pazzi? Gli attributi non si toccano, nel senso del medico ovviamente. In tutti gli altri sensi, a chi tocca... tocca. E quindi adesso tocca pure a me.

Fino ad allora non ci avevo pensato. Ma se, arrivati all'età mia, non è mai successo di aver sfiorato la paternità neanche per sbaglio... per un momento di distrazione o di passione estrema, o per un guasto in sala giochi... capita, no? Non essendomi mai capitato, ho cominciato a pensare che magari... io... non sia mai... alle brutte... madonna santa... avessi...

come si può dire? Un'intermittenza, un difetto di fabbrica.

Insomma, la richiesta di Flora mi aveva messo il tarlo di non poter avere figli. Per carità, non che lo vedessi come un punto di disonore, ma se così fosse stato mi sarebbe dispiaciuto molto. E allora forse era arrivato il momento di affrontare la questione e scoprirlo.

Un amico medico mi aveva consigliato uno specialista di fama internazionale, un andrologo urologo coi controc... cioè, uno che a proposito degli oggetti in questione sapeva tutto e ne aveva viste di tutti i colori. Pensa che mestiere del c... Vabbe', era per dire... Però tergiversavo, rimandavo sempre, inventavo scuse. Non mi ci vedevo ad andare da codesto medico, pieno di titubanza e trepidazione, a farmi fare domande sul mio stato di salute generale, sulle mie abitudini, sulla mia vita affettiva... Anche perché poi costui avrebbe voluto procedere alla visita vera e propria. E mi imbarazzavo al pensiero che un maschio adulto si ponesse come oggetto di indagine e di considerazione le mie parti intime. E soprattutto che facesse con me quello che tutti gli urologi fanno con i propri pazienti... nooo. Io sono Enrico Brignano, e nonostante le ultime tre lettere del mio cognome non avrei permesso a nessuno di... di... irrompere nella mia intimità. Mi sarei sentito invaso, usurpato, manomesso, anzi ditomesso... Non se ne parla.

Così avevo deciso di salvare capra e cavoli. Ovvero quelli di Flora che voleva che facessi questo esame e anche quelli miei che non me la sentivo di farmi visitare così, diciamo, a fondo. Mi ero fatto fare un'impegnativa dal medico curante riservandomi la parte più facile della pratica. Con quel gesto, avevo dimostrato la buona volontà di andare a fare la visita. Avevo appoggiato l'impegnativa sulla scrivania, in bella vista, come a dire: «Vedi? Tu chiedi e io eseguo. Mo', per fissare l'appuntamento, me la posso prendere un pochino più comoda... tanto mica scappa, il medico, no? C'ho l'impegnativa, significa che mi sto impegnando».

E l'avevo lasciata lì. Ogni tanto, passando, buttavo un'occhiata ma con circospezione, hai visto mai che mi sorprendesse a guardarla e si riaprisse la discussione...

Flora non mi aveva chiesto più nulla e tutto era sembrato tornare come al solito. L'unica cosa è che non mi ha più preparato le lasagne: era il prezzo da pagare. Quello che mi spettava ora erano germogli di soia in insalata con tofu e rucola, accompagnati da gallette di riso integrale. Il tutto, ovviamente, senza sale.

Quattro

La valigia è pronta. Si riparte. L'attore e la valigia sono come il barbiere e le forbici, come il muratore e la cucchiara, come il falegname e il martello, come il deputato e il vitalizio. La valigia sempre quasi pronta, lì in un angolo della camera da letto, a veloce portata di mano, è la costante invariabile della vita del teatro. La conquista sindacale della nostra categoria non è tanto il famigerato contratto nazionale, ma l'invenzione del trolley.

E pure la mia vita è così: sempre in giro, sempre in viaggio, sempre altrove. Un giorno un'ospitata a Milano, un altro giorno una convention in Sardegna, dopo due settimane la tournée teatrale... a volte mi chiedo se, in tutto questo andare, non si nasconda anche una fuga da me stesso.

Ma non ci voglio pensare adesso. Stavolta parto col mio amore: ce ne andiamo una settimana in vacanza a Formentera. Contrariamente a quanto si possa pensare, io di tempo per le vacanze non ne ho mai. Anzi, è proprio quando le persone si godono le ferie che sono chiamato a lavorare più del solito, per cercare di rendere quei giorni di svago più allegri. Ma questa settimana no. Questa settimana mi rilasso davvero.

«Enry, hai chiuso la tua valigia?»

È Flora, che mi parla dalla stanza-guardaroba. Il giorno della partenza è sempre così: non la vedo mai. Viene come inghiottita dall'armadio e ne riemerge ogni tanto solo per assicurarsi che io abbia fatto quello che, di solito, lei è ancora molto lontana dal fare.

«Sì, ho messo anche il lucchetto. Sono stato bravo, è entrato tutto in un trolley piccolo, di quelli da bagaglio a mano.»

«Bene! Perché io ho preso qualcosina in più...»

Okay. Comincio ad allarmarmi. Non voglio assolutamente fare il maschio vittima di luoghi comuni, ma conosco molto bene le donne e meglio di tutte conosco la mia. Quando mi parla per eufemismi, tipo «ho preso qualcosina in più», significa che delle cose dell'armadio, a casa è rimasto solo l'armadio. Un altro indizio, segno del fatto che si sente in colpa, è l'aria candida con cui fa capolino dalla porta della camera da letto, una bambina innocente che non sa come dire ai genitori che ha rotto il prezioso e insostituibile vaso cinese della dinastia Ming.

«Flo, giusto per capire... quantificheresti il "qualcosina"?»

«Ma no, niente di che! Non ho tante valigie...»

«Come sarebbe "valigie"? Al plurale?»

«Sì. Ma sono solo tre!»

«Amore, ma con tre valigie ci possiamo trasferire in Australia per cinque mesi! Non puoi fare a meno di portare tutta questa roba?»

«Eh no, Enrico, scusami. Tu sei un uomo e certe necessità non ce le hai. E poi io ho ridotto tutto proprio all'osso. Seguendo le tue istruzioni, per altro.»

«Istruzioni? Quali istruzioni?»

«Tu hai detto che a Formentera farà molto caldo, giusto?»

«Sì.»

«E allora mi sono portata quattordici abiti freschi.»

«Scusa, ma perché quattordici se stiamo solo sette giorni?»

«Mica vorrai che la sera indossi quello che porto durante il giorno? È una questione di decoro. Metti che c'è una festa... io col prendisole dove vado a fare la ridicola? Che figura ci fai?»

«Che c'entro io, scusa?»

«Stiamo insieme, no? Lo faccio per la tua immagine.»

«Sì, certo, infatti lo immagino. Ma io vorrei capire come sei arrivata a tre valigie. Di certo non con quattordici vestiti...»

«Guarda, non riesco a capirlo neanche io. Non me lo spiego proprio.»

«Vabbe', che altro avresti preso?»

«Intanto, con quattordici vestiti bisogna portare almeno sette paia di scarpe.»

«Sette paia? Io non so neanche se tutte le scarpe estive che ho arrivano a essere sette paia!»

«Amore, sii ragionevole! Le devo abbinare! Poi ho portato i costumi. Non starai a sindacare pure sui costumi, vero?»

«No. In effetti quelli sono indispensabili.»

«Ovviamente, ho dovuto abbinarci sedici copricostumi...»

«Cert... quanti? Sedici copricostumi? Quindi devo supporre che ti sei portata anche sedici costumi?»

«Ma noooo! Di costumi ne ho portati ventidue, ma i copricostumi sono meno; è che sono stata brava a ottimizzare gli abbinamenti.»

«Eh, certo! Ma che ci fai con tutti 'sti costumi?»

«Amore, guarda che se mi tuffo in mare si bagnano, eh!»

«Ho capito, ma si asciugano pure! Non è che rimangono umidi a vita...»

Anche se qui devo aprire una parentesi: in effetti l'asciugatura del costume dipende dal tessuto di cui è fatto. Io ricordo ancora con fastidio, per non dire quasi terrore, i costumini in ciniglia – ma anche quelli fatti all'uncinetto – che mia madre e le mie zie mettevano a noi bambini. Con quelli era matematico: anche ad agosto, anche aspettando svariate ore, i costumini non si asciugavano mai. Se ti sedevi nella sabbia, dopo poco facevi i fanghi; se cercavi di correre, in modo tale che il vento aiutasse il processo di asciugatura, ottenevi come risultato che ti si gelavano e irritavano le parti basse, per colpa dei refoli d'aria calda misti a umidità e salsedine. Non c'era verso: arrivava l'ora di andare a casa e il costume era ancora bagnato. A mio cugino vennero i reumatismi agli zebedei a sette anni, a causa di questi costumini! Ma scusate la digressione.

Eravamo a Flora e alla pletora di cianfrusaglie e abiti che ha ficcato in valigia.

«Amore, lo sai che quando faccio le valigie io penso a tutto. Proprio per questo, dopo aver preso solo queste cose leggere mi sono detta: e se poi la sera fa fresco? E se piove? In un posto di mare può succedere! Si sa che alle Tremiti il tempo è imprevedibile...»

«Veramente sono le Baleari e il meteo dà un mese di siccità.»

«Mamma mia, come sei fiscale! E poi tanto si sa che il meteo non ci azzecca mai! E, proprio perché non mi fido, ho preso anche sei maglioncini di cotone, quattro golfini di lana, due giacche di pelle, otto paia di occhiali da sole, nove cappelli, quindici pashmine, due sciarpe, tre paia di guanti e gli stivali Ugg. Fin qui, l'occorrente per vestirmi.»

«Vuoi dire che c'è altro?»

«Be'... scusami, ma shampoo, balsamo, bagnoschiuma...»

«Ma quelli li troviamo in albergo, Flo!»

«Io voglio i miei. Se poi in hotel non hanno quelli a base di argan come faccio? Non se ne parla proprio. Ho portato anche la piastra e l'arricciacapelli; ovviamente ho dovuto prendere la lozione preparatoria al sole, quella abbronzante e la lozione doposole. Ho portato anche lo spray per capelli che protegge dai raggi UVA, lo struccante per gli occhi, il latte detergente e quindi il tonico, il deodorante, il profumo, la limetta per le unghie...»

Le mie orecchie ormai sanguinano. Tutto quello che riesco a sentire sono solo suoni indistinti... dei *bip*, come quando la cassiera, al supermercato, a Natale, passa una quantità immane di prodotti sopra il visore che legge i codici a barre...

«Basta. Ti prego. Non voglio sapere che altro ti sei portata. Vorrei solo sapere se puoi privarti di qualcosa, in modo da non dover partire con una carovana di bagagli.»

«Eh no, amore. Non posso proprio lasciare niente, mi serve tutto.»

«Flo, dài... non è possibile!»

«Uh! Aspetta. Hai ragione.»

«Lo vedi?»

«Ecco, questo posso lasciarlo. Ormai l'animalier non va più di moda.»

E mi porge una fascia per capelli maculata. Peso quarantatré grammi; diametro otto centimetri. La guardo, poi guardo la mia compagna. Mi arrendo: ha vinto lei. Si parte con tre valigioni che, se li legassi insieme, diventerebbero una zattera e a Formentera ci arriverei via mare. E alla fine, il mio minuscolo trolley, piccolo e poco versatile com'è, si rivelerebbe come l'unica zavorra durante la navigazione.

A parte queste piccole scaramucce, che mi fanno toccare con mano quanto l'uomo e la donna vengano da pianeti... anzi, da universi differenti, la settimana a Formentera è stata un sogno. Spiagge bellissime, sole, mare, giri in barca, amore, belle grigliate di pesce, pisolini sulla spiaggia e di nuovo amore.

Ovviamente Flora ha utilizzato un decimo di ciò che si era portata, tanto che a un certo punto ha indossato più cose insieme, uno strato sopra l'altro, per non darmela vinta e non sentirsi dire: «Te l'avevo detto che era troppa roba!».

«Ho messo tutto, hai visto?» E, a guardarla così, con gli Ugg ai piedi, la doppia maglietta e i guanti mentre fuori ci sono trentasei gradi, ho un moto di tenerezza nei suoi confronti e un'irrefrenabile voglia di abbracciarla, in questa calda notte spagnola.

Restiamo così, stretti sulla veranda del nostro bungalow, mentre una leggera brezza si alza intorno a noi, la luna piena fa da complice romantica e, dal mare, arriva lo sciabordio delle onde che ci culla e ci invita all'amore.

La parentesi formenteresca... formenteranica... formenterese... vabbe', la settimana di vacanza è finita troppo presto. Il lavoro è già ricominciato ed è circa un mese che casa la vedo solo in cartolina. Ma finalmente oggi, 24 giugno 2016, dormirò nel mio letto.

Tornare a casa dopo tanto tempo regala una sensazione di sollievo e di protezione: come se fra quelle quattro mura, così uguali a tutte le altre mura di tutti i palazzi del mondo eppure così uniche perché sono le tue... vabbe', le tue... molto spesso sono della banca, diciamo che per ora hai pagato una decina di mattoni... be', dicevo, tra quelle quattro mura ti sembra di poter essere davvero te stesso.

Io in albergo mi formalizzo... sto attento a tutto, in camera, anche quando sono da solo... mi rifaccio pure il letto, per non sfigurare con le signore delle pulizie. A casa invece mi rilasso davvero, spesso giro come uno zombie, spettinato, in mutande, con la barba incolta. Non sembro neanche io. Certe volte grugnisco pure. Lo devo fare, così almeno Flora mi riconosce dalla voce!

Comunque, ho appena richiuso la porta d'ingresso e sto ancora sognando il momento in cui mi divanerò per rialzarmi solo in caso di necessità fisiologiche, quando Flora mi viene incontro. Ha uno sguardo strano, gli occhi le brillano. «Sarà mai stata così bella?» mi chiedo mentre la saluto.

Lei timidamente mi porge un pacchettino regalo: che tesoro che è! Ha pensato di accogliermi con un pensierino! La carta che lo avvolge mi sembra già un indizio inequivocabile: tanti furgoncini anni Sessanta fumettosi, perché lei sa che ho la passione dei veicoli vintage in generale, dei furgoncini in particolare.

Scarto il pacchetto stando attento a non stracciare la carta. Flora mi sembra impaziente. Strano. Mi ritrovo tra le mani una scatola grande quanto uno smartphone, ma più spessa. Apro e... dentro ci sono, adagiate su una nuvola di tulle, due scarpine minuscole, di lana. Da bambini. Anzi, meglio: da neonati. Che c'entrano con i furgoncini?

Preso alla sprovvista, impulsivamente le chiedo: «Belle! Sono dei portachiavi?».

E lei, pronta: «Al massimo, portapiedi!».

«Eh, ma dove li trovi dei piedi così picc...»

Scemo. Sono proprio scemo. Era una cosa ovvia fin dall'inizio, ma evidentemente il mio cervello non voleva illudersi prima di avere la certezza che quelle scarpine significassero quello che non osavo neanche sperare.

«Amore... ma siamo incinti?»

«Tu non lo so, ma io sì.»

Mi rendo conto che è lo stesso momento e la stessa gioia per tutti i padri di questo mondo fin dall'inizio del mondo, ma questo era il mio momento e la mia gioia e ve la racconto come se fossi stato il primo, l'unico e il solo a viverla. Il cuore mi è sembrato uscire dal petto e diventare gigantesco, tanto da contenere tutto l'universo... mi sarei messo a saltare, e forse l'ho fatto. Mi sarei messo a urlare, e forse ho fatto pure quello. Avrei imitato il *duck step* di Chuck Berry. Anzi, questo temo proprio di averlo fatto, suonando una chitarra che vedevo solo io e il cui suono mi pareva celestiale. È stato solo sull'acuto, quando mi sono ritrovato in ginocchio sul pavimento, a occhi chiusi, con la fantasmatica Gibson tra le mani, che mi sono reso conto che Flora era ancora lì che mi osservava, in piedi. Avvertivo la sua presenza, ma avevo quasi paura ad aprire gli occhi nel timore di poter leggere sul suo volto un ripensamento, o peggio, un pentimento, tipo: «Ma io sono sicura di volere proprio questo tizio qui come padre di mio figlio?». Non potevo certo restare con gli occhi chiusi; la paura di aprirli però permaneva.

Allora, ho optato per la via di mezzo: ho aperto un occhio solo, sicuro di vederla già pronta a lasciarmi, con la valigia in mano. Flora invece era lì, che mi fissava, certo, ma trattenendo a stento le risate.

«Mi pare di capire che la notizia ti rende felice!»

Felice? Io ero molto più che felice... ero stra, super, iper felicissimerrimo... non lo hanno ancora inventato il superlativo per rendere il mio livello di felicità! L'avrei sollevata tra le mie braccia, ma avevo paura di fare qualche danno a quel mini-noi che, indisturbato, dormiva nel suo pancino. Mi sono limitato ad abbracciarla forte e a dirle tutto ciò che provavo in quel momento, anche se ero così emozionato che non sono sicuro di essere riuscito a finire le frasi che cominciavo. I pensieri si affastellavano nella mia mente e avevo tantissime domande da farle. Ma la prima che mi è venuta è stata: «Come è successo?».

«Come sarebbe a dire? La mamma non ti ha spiegato niente, Enrico?» mi ha preso in giro lei.

«No, cioè, sì, certo, lo so com'è successo... forse la domanda più giusta sarebbe: quando?»

«Io credo di saperlo, perché mi sono sentita subito diversa. Sapevo che qualcosa era successo, ma non avevo ancora capito di cosa si trattasse» mi ha risposto lei. «Ti ricordi l'ultima notte a Formentera?»

«Ah, certo! Quando ti sei messa gli Ugg?»

«Vabbe', ma non è che ti devi fissare sui dettagli! Lo so cosa stai per dire, che non era stagione e che avevo esagerato coi vestiti. Non vedevi l'ora di potermelo contestare, vero? E lo so cosa vuoi sentirti dire... E va bene, lo dirò: avevi ragione tu. Ecco, sei contento adesso?»

La guardo mentre fa tutto da sola, si condanna, si giustifica e si assolve. Mi accorgo che la mia bocca ha cominciato a sorridere da quando ho scartato il regalo e non ha più smesso. Credo che questa mia espressione non riusciranno a scatramarmela dal viso tanto facilmente, neanche quelli dell'Agenzia delle entrate. La mia faccia deve somigliare tanto a quella di Pluto, il cane di Topolino, quando sogna l'agognato osso di prosciutto e si produce in una beata parata di denti in bella mostra.

«... Okay, io avevo torto. Allora, sei contento?»

Osservo la mia dolce, volitiva, sensibile, bellissima compagna e, sempre sorridendo, non posso fare a meno di dirle: «Ci puoi giurare che sono contento. Anzi, credo di non essere mai stato così contento in tutta la mia vita».

Cinque

Stamattina apro gli occhi e, invece del solito umore infastidito, che viene vinto solo alla seconda tazzina di caffè, mi pervade uno stato di benessere delizioso, di pienezza e compimento assoluti. Mi guardo allo specchio e vedo un viso totalmente pacificato, nessuna ruga intorno agli occhi e sulla fronte, a dispetto del tempo che passa. Mi sento bene come uno che sta sognando il più bel sogno che si possa immaginare, e per timore che possa essere un sogno mi pizzico, mi schiaffeggio, sbatto la capoccia al muro. Il dolore sembra vero, il bernoccolo pure, quindi mi convinco che è tutto reale. È un'emozione diversa dalle altre, dolcissima e concreta, che sento schiudersi dentro come la gemma di un fiore che sta germogliando, come un'idea geniale che sta prendendo forma, come l'essere che vive nel profondo del grembo della mia compagna. Un senso d'amore è ciò che sento qui e ora.

A proposito, ma che ore sono? L'orologio del bagno segna le cinque meno un quarto. Me lo dicevano che con l'arrivo di un bambino non si dorme più! Ma forse intendevano un'altra cosa...

A ogni modo, siamo venuti nella casa al mare anche se le incombenze cittadine ci costringono a fare avanti e indietro. C'è un film che parte tra qualche giorno e la genesi del prossimo spettacolo. Nella mia vita tutto sta nascendo, e soprattutto, per me, una nuova e immediata identità: Io Padre.

Mi si squaderna un gigantesco punto interrogativo, padre anche lui di una cucciolata infinita di domande di tutti i generi. Sarò all'altezza? Sarò capace veramente? I miei pensieri e le mie urgenze cambieranno? Sarà maschio o femmina? Ma è poi così importante il sesso? Lo diciamo già, e a chi? Bisogna che ne parli subito con Flora... magari lei non vuole che si sappia, per ora. E se mi scappa di dirlo? Quando uno è tanto felice, le parole escono dalla bocca indipendentemente dalla propria volontà. E, se succede, che faccio? La butto in caciara e dico che stavo scherzando? Potrebbe funzionare... No, no, devo chiedere a lei.

Mi scaravento in camera da letto, dove Flora dorme ancora beata. Mi fermo a guardarla: sembra che rida, ma se guardi bene non è proprio riso, è una piccola piega pronunciata delle labbra, basta un niente perché diventi un broncio. Dorme con un'espressione che varia tra il placido e il guardingo, come a dire: «Sto talmente in grazia di Dio che se provi a svegliarmi t'arriva un leccamuffo». Siccome il leccamuffo, o manrovescio che dir si voglia, c'è il caso che arrivi veramente, io mi fermo in silenzio e continuo a osservarla. I capelli le si sparpagliano sulla spalla. Un turbinio di pensieri mi si scompagina in disordine sparso, ma più di tutti uno: «Avrò cura di te, o meglio di voi! Di questo fagiolino, questo cavoletto di Bruxelles, questo minuscolo pinolo, questo...». Be', mi vengono soltanto metafore agroalimentari. D'altronde, i miei erano fruttivendoli e buon sangue non mente. E poi il concepimento, la gestazione e la nascita sono perfettamente in accordo con il ciclo naturale delle semine e dei raccolti, perlomeno sul piano simbolico.

Per non parlare del fatto che ho pure il pollice verde. E non solo il pollice, anche l'alluce. Io sono esattamente il contrario di Attila, dove poggio il piede è matematicamente sicuro che ci cresca l'erba: ovviamente prato inglese, con tanto di margherite.

Chi è che diceva che se vuoi essere veramente felice devi coltivare un giardino? Forse Luca Sardella...

o era Confucio? Boh, non ne sono sicuro, non vorrei fare confucione, però qualcuno lo diceva sicuramente. E aveva ragione. Il giardino è il luogo dello spensiero, della pienezza di sé, della perdita del senso del tempo, ma non della perdita di tempo. Anzi, per me ogni ora passata a curare il mio giardino è un tempo recuperato alla vita vera. Poto le rose, toso il prato, sfrondo gli alberi, sfoltisco la siepe, taglio, spunto, dirado, assottiglio, freso, concimo, ma soprattutto... annaffio. Quanto mi piace annaffiare: col tubo in mano mi sento bene come un sorcio in una forma di cacio pecorino, come Adamo nel paradiso terrestre, come Grisù, il draghetto dei cartoni animati che sognava di fare il pompiere. Chissà perché? Si vede che, mentre annaffio il prato, mi si rinfrescano pure i pensieri.

Le mie divagazioni giardinesche vengono interrotte dal risveglio di Flora. Vabbe', sono innamorato, e da quando siamo incinti, lo sono ancora di più, ma Flora non apre semplicemente gli occhi. Quando quelle palpebre si spalancano è come il sole di mezzogiorno, ti acceca e ti abbronza che ti devi mettere la protezione 50; io, per dire, con lei ho la tintarella garantita tutto l'anno. Gli occhi di Flora sono così luminosi, danzanti e penetranti che il suo sguardo ha il potere di farmi una TAC all'anima. A quegli occhioni non sfugge nulla, e se intercettano qualche piccola ombra, anche la più nascosta, la scannerizzano e la irradiano fino a disintegrarla.

«Buongiorno» le dico dopo un bacio.

«Sei preoccupato?» mi domanda senza tanti giri di parole.

In effetti sono preoccupato. Sono felice, tutto va perfetto, ma... ora che mi ci ha fatto pensare... Faccio finta di niente, ma sono impensierito, tutto mi sembra nuovo e per la prima volta ho la sensazione di non potere controllare lo svolgersi dei fatti. Io sono abituato a costruirmi la vita giorno per giorno, a soprintendere i lavori, a segnare la via. Nel mio mestiere ho le idee chiarissime su quello che va fatto, sul quando e il come... pure troppo. Dirigo, controllo, governo, come un capitano di fregata, e non mi sfugge nulla a bordo della mia nave; se ho qualche dubbio cerco di chiarirmelo all'istante... Ma adesso...

Mi sono letto d'un fiato tutto il leggibile sulle fasi della gestazione. L'evolversi della morula nei primissimi giorni, l'evoluzione dell'embrione composto dai tre foglietti germinativi, dai quali prenderà forma tutto l'organismo, la delicatezza delle prime settimane fino al terzo mese, le informazioni ce le ho tutte. Quello che mi manca è non poter far nulla, sentire che questa cosa che è una parte di me si svolge anche senza di me, che non posso intervenire più di tanto, anzi non posso intervenire affatto. Lo so che per tutti i padri è così, lo so che è nella natura delle cose, so tutto. Ma lo so adesso, e per la prima volta... e c'ho un po' paura.

E Flora ha capito tutto questo al primo sguardo. O almeno una buona parte di questi dubbi. Lei sa, mi conosce e soprattutto è madre da appena qualche giorno, ma è come se lo fosse da sempre, per quell'atavica sapienza che ogni donna possiede inespressa fino al momento della gravidanza, che amplifica tutto il suo sentire. E poi è una donna molto pratica: d'altro canto custodisce e nutre di se stessa questo piccolo essere, e non ha tempo per troppe congetture. Quindi mi abbraccia e mi sussurra piano: «Va tutto bene: sto bene. Stiamo bene... Sei più tranquillo?».

«Mi sa di sì.»

«Ecco. Bravo. Adesso, se non ti dispiace, mi porteresti la colazione?»

Come dicevo poc'anzi, Flora è spicciola. E quando si tratta di mangiare non si fa parlare dietro da nessuno. È come un cucciolo: fa pasti non troppo abbondanti ma molto frequenti. E questo da sempre. Ricordo ancora la prima volta che sono salito sulla sua macchina: eravamo solo amici e si era offerta di darmi un passaggio verso casa; non ricordo più perché io fossi appiedato.

«Non preoccuparti, chiamo un taxi!»

«Ma figurati! Tanto abitiamo nella stessa zona. Sali.»

Ora si rende necessaria una brevissima parentesi: il mio rapporto con l'automobile. Come moltissimi uomini, io curo maniacalmente la mia auto, che deve essere sempre lucida, profumata e senza polvere sulla tappezzeria interna. E, inoltre, deve esserci sempre il pieno. Non so perché ho questa fissazione, perché mi viene spontaneo portarla al lavaggio o dal benzinaio; io non l'avrei chiamata neanche fissazione, a dire il vero, ma mi sono reso conto che basta un mio «per andare nel posto X prendiamo la tua auto?» domandato ai miei collaboratori più stretti per scatenare il panico nei loro occhi. Inventano le scuse più improbabili per evitare che io salga sui loro autoveicoli, se per caso – come spesso capita – non li puliscono da più di due settimane.

«La mia aria condizionata è rotta...»

«Ma siamo a novembre, che ci importa?»

«Eh no, ma lascia stare, non salire... magari andiamo a piedi?»

«Ma se sono quindici chilometri!»

«Un po' di moto fa sempre bene.»

E allora capisco, mi metto a ridere, saliamo sulla mia auto e loro tirano un sospiro di sollievo.

Ma eravamo a Flora e al primo passaggio che mi

ha dato con la sua macchina. Innanzitutto, c'era una bella multa sul tergicristallo. Poi sono montato e non ho potuto fare a meno di notare briciole sparse sui tappetini e bottiglie di plastica vuote che sarebbero rotolate da una parte all'altra appena avesse messo in moto. Mmm... Ovviamente ho taciuto. Ha acceso il motore e, come per magia, *plin*, ha fatto capolino la spia della riserva di carburante sul quadro dei comandi. Mmm... A dire la verità, ho visto anche un bel po' di altre spie accese, manco fosse stato un albero di Natale, ma ho preferito ignorarle, un po' per non fare il perfettino e un po' per non pensare che forse a casa non ci saremmo arrivati perché il motore avrebbe potuto fondersi prima... Flora ha provato a dare una pulita ai vetri ma ovviamente l'acqua per i tergicristalli non c'era. *Mmm.*

«Scusa Enrico, mi occorre il caricabatterie del telefonino. Potresti vedere se è nel cassetto del cruscotto?»

L'ho aperto e tutto quello che ho trovato è stato una scatola di merendine.

«Guarda, Flora, qui non c'è...»

«Allora potresti dare un'occhiata sotto al sedile? Magari è scivolato...»

Mi sporgo a testa in giù, allungo una mano e tiro fuori una confezione di taralli pugliesi. «Non è neanche qui.»

«Aspetta, forse ho capito: infila una mano nella tasca dietro al sedile, sarà senz'altro lì.»

È quello che ho fatto, solo che è spuntato un sacchetto di cantuccini di Prato.

«Scusa Flo... del caricabatterie neanche l'ombra, ma in compenso c'è una succursale del supermercato. Posso chiederti come mai tieni tutti questi viveri in macchina? Hai paura di una carestia?»

E lei, un po' imbarazzata: «No, è che spesso mi ritrovo in fila sul raccordo anulare. Metti che la fila è lunga e mi viene fame. Come faccio? Anzi, mi è venuto un certo languorino. Mi passi un biscotto?». E ha sorriso.

E io ricordo che è stato esattamente allora, quando ancora tutto doveva cominciare, che ho pensato che questa ragazza un po' pazzerella poteva essere la mia compagna di viaggio, ma non solo per tornare a casa. E che l'avrei voluta come madre dei miei figli. E che, in un sorriso così, mi ci sarei potuto anche perdere.

Sei

Stasera ha organizzato una cena uno dei miei più stretti collaboratori, nonché mio amico. Lo so, lo so cosa dicono tutti: il lavoro è una cosa, l'amicizia è un'altra. Eppure a me questa convinzione non è mai piaciuta. Io lavoro meglio proprio con gli amici, scrivo sempre con gli stessi, un po' perché squadra che vince non si cambia e un po' perché, sinceramente, ormai mi conoscono bene, sanno cosa mi piace e cosa no, cosa potrebbe funzionare e cosa no, hanno contribuito a creare il mio stile e vi si adeguano senza difficoltà.

E a volte avere qualcuno che ti capisce guardandoti negli occhi, senza bisogno di dire «questo pezzo non mi convince», è un sollievo per tutti. Come pure la sensazione meravigliosa di aver imbroccato la strada giusta per risolvere un pezzo che non chiudeva... allora si festeggia tutti insieme, autenticamente felici di essere venuti a capo di un passaggio ostico.

La gestazione di uno spettacolo è come quella di un bambino: in certi momenti ridi, in altri piangi, ti preoccupi, speri che vada tutto bene... ti fai mille domande, costa gran fatica ma regala anche tanta gioia. Ognuno ci mette un po' di sé: da qualcuno lo show prende la sensibilità, da un altro la verve comica, o la cultura, o l'emotività. E, una volta che lo spettacolo è finito e lo vedi realizzato, ti viene da chiederti: «Ma l'ho fatto proprio io?». Esattamente come un figlio, né più né meno.

È per questo motivo che mi fa piacere passare il tempo con chi lavora con me. Avere intorno persone a cui voglio bene e che me ne vogliono mi fa sentire protetto, senza la paura di mostrare l'uomo che c'è dietro l'artista.

Ora, siccome a quest'uomo piace tantissimo andare in bicicletta, ho deciso di regalare al mio autore una bella bici con cui poi scorrazzeremo insieme quando saremo in tournée. Ed è proprio mentre sono nel negozio, e mi aggiro tra i vari modelli per cercare quello più giusto da acquistare, che mi appare davanti una bici minuscola, con le rotelle. È blu metallizzato, con decorazioni gialle di qualche personaggio dei cartoni animati di cui ignoravo l'esistenza – e ho come la sensazione che presto invece sarò espertissimo di tutti i programmi per bambini in circolazione –, una trombetta al posto del clacson e un cestino giallo davanti.

Indugio su questo piccolo veicolo e la mente mi porta via lontano... d'un tratto, mi chiedo se il fagiolino che stiamo aspettando sarà maschio o femmina. Certo, non fa differenza. Mi basta che sia sano. Però, in fondo, penso che se fosse maschio mi sentirei più a mio agio con lui. Le donne non le ho mai capite... figuriamoci una figlia! No, no, meglio che sia un maschietto. Perché rispetto al modello femminile, full optional, quello maschile è basic. Un ometto di quattro anni quando piange lo fa perché ha fame. O sete. O sonno. O vuole giocare. O deve fare la cacca. Insomma, esprime un bisogno primario. Una femminuccia della stessa età c'è il caso che pianga perché il colore della gonnellina che le ha messo la mamma non è di suo gradimento.

Non c'è niente da fare: le donne sono più complicate, fin da piccole. Per questo immaginare che sia un maschio mi rassicura... Figlio mio, ci capiremo, io e te. E tra qualche anno, in primavera, quando sarai abbastanza grande per pedalare, ti porterò con me a fare un giro in bicicletta. Sarà un orgoglio guardarti andare, davanti a me, sulle stesse stradine della pineta che, anche se le ho percorse mille e mille volte, mi sembreranno nuove e tutte da esplorare.

Dovrò insegnarti a stare attento alle piccole insidie che potrai trovare sul tuo percorso: una discesa troppo ripida, un legnetto che potrebbe infilarsi tra i raggi della ruota, un ramo che potrebbe colpirti in volto. Non preoccuparti se qualche sassolino ti farà perdere l'equilibrio e cadrai: non potrò impedire che ti sbucci il ginocchio, ma sarò sempre lì, dietro di te, pronto a rialzarti. E a nascondere a mamma quella macchia d'erba sui pantaloni e quel culetto un po' ammaccato.

Mentre faccio questi pensieri, mi sorprendo a sorridere. Ancora. Di nuovo. Sono giorni che ho una specie di paresi facciale... Mi guardo, riflesso nella vetrina del negozio, e mi rendo conto che la mia espressione è un po' ebete, imbambolata e sognante, ma di certo non mi rende intelligente. Me lo avevano detto che un figlio ti rincoglionisce, ma devo cercare di contenermi: mio «figlio» è un cosino di sei millimetri e già mi ha ridotto così. Tra un paio di mesi che farò? Meglio che continui nella ricerca del regalo per il mio autore. E così ho fatto. Anche se, una volta alla cassa, ho dovuto resistere all'impulso di comprare anche quella biciclettina blu con gli accessori gialli.

Arrivo felice a casa per dire a Flora che ho comprato il regalo al mio amico e che stasera andremo a cena a casa sua e non credo ai miei occhi: la mia dolce compagna, quella donna affascinante che mi ritrovo accanto, ha un colorito verde, delle occhiaie molto accentuate e un umore non esattamente ilare.

«Amore, ma che è successo?»

«Lasciami perdere. Ho la nausea, ogni quarto d'ora devo correre al bagno. Sto da schifo... si vede tanto?»

Qui sono stato bravo. Mi spiego: premesso che Flora mi piace sempre, anche quando non si sente in piena forma, effettivamente stasera ha l'aria molto sbattuta, si vede che non sta bene. Ma non posso dirglielo, altrimenti si offenderebbe e, soprattutto, non verrebbe alla cena; invece secondo me le farebbe bene uscire un po' e stare in mezzo agli amici. Quindi, al suo «si vede tanto che non sto bene?» devo rispondere necessariamente: «Assolutamente no. Stai benissimo, poi con l'abbronzatura la dai a bere, mascheri il pallore».

Direte voi: e che ci vuole? Ci vuole tempismo, ci vuole. Sì, perché se lo dici troppo rapidamente lei ti risponde: «Ma se neanche mi hai guardato? Stai mentendo!».

Se invece aspetti troppo, ti aggredisce: «Ho capito. Se ci metti tanto è perché ti stai inventando una scusa e io faccio schifo.»

La misura giusta di attesa, invece, l'ho sperimentata in anni di litigate: basta contare mentalmente «milleuno... milleddue...» e poi si va con la risposta. Questo metodo funziona soprattutto quando la vostra lei ha una nuova acconciatura o sta provando un vestito ed è indecisa se acquistarlo o no.

«Che dici, mi sta bene?» Milleuno... milleddue... Oppure: «Meglio questo o quello color pervinca?».

Inutile dire che un uomo distingue solo i colori primari e il pervinca gli sembra al massimo il nome di un animale, tipo: «Ho trovato un uovo di pervinca».

Perciò, anche in questo caso: milleuno... milleddue... Segue risposta, che – *ça va sans dire* – va data con convinzione e aria seriamente partecipe. Attenzione, non sottovalutate l'elemento sicurezza: non tentennate, dovete sembrare persuasi di credere alle vostre parole, altrimenti la lite scatta lo stesso. Vi sembreranno sfumature, ma se sbagliate anche una sola di queste coordinate, vi siete rovinati la serata.

Stasera Flora mi crede (e, adesso che ho svelato il trucco e che lei lo ha letto, non farmi sgamare sarà sempre più difficile) e usciamo. Siamo d'accordo di non parlare del fagiolino, di tenere questo segreto per noi ancora per un po'. È la decisione di quasi tutte le coppie, perché si sa che i primi tre mesi sono quelli più difficili e a rischio. Ma non solo. Ci piace quella sensazione di intimità e di alleanza tutta nostra; è bello pensare che con uno sguardo riusciamo a dirci più cose di quante si possano esprimere a parole, perché noi sappiamo e gli altri no.

Lo sguardo di Flora verso di me è più intenso che mai, in questo periodo. Ecco, adesso mi sta guardando. Mi sembra di leggere nei suoi occhi... mi stanno dicendo: «Ogni minuto che passa, dentro di me il bambino cresce mentre gli altri non sospettano nulla ma noi sì... è una sensazione bellissima quella che sento, la bellezza di essere madr...».

«Enrico!»

Flora decide di smettere con la comunicazione occhiesca: «Me lo passi o no, il tuo piatto di antipasti? È mezz'ora che ti guardo! Come facevi a non capire?».

«Aaaahhh! Era per questo che mi guardavi?»

«Certo! È tutto il giorno che ho la nausea, adesso m'è venuta fame!»

Mentre Flora sta mangiando di gusto, si avvicina il mio amico con un vassoio in mano. «Allora, vi state divertendo? Ho salvato dalla folla questi spaghetti alle vongole, so che Flora ne va pazza e sono venuto a portarveli di persona! Sono caldi caldi, li ho fatti adesso!»

Entrambi ringraziamo contenti. Flora fa per prenderne una forchettata, ingolosita. Poi si ferma e mi chiede, all'orecchio: «Ma io questi li posso mangiare?».

Dubbi di una primipara che non sfuggono all'occhio e all'orecchio attento del nostro amico: «Ma... sei incinta?».

Tana per noi! Non sappiamo proprio tenere nascosto un bel niente, siamo due frane. Mi consola soltanto che a tradirsi sia stata lei, altrimenti mi sarei sentito troppo in colpa... Sì, perché fosse per me io lo griderei ai quattro venti, ma so benissimo che gli equilibri di una donna sono più delicati e comunque è lei che deve darmi il via libera per parlarne. Lo porta in grembo lei, il bambino. Lo partorirà lei. Dunque, è giusto che valuti e stabilisca lei il da farsi.

Comunque, alla domanda «Sei incinta?» avremmo anche potuto mentire con qualcosa del tipo «No, non è stata bene di stomaco...», oppure «Recentemente ha avuto un'intossicazione alimentare... un'intolleranza»; insomma, qualsiasi cosa. Solo che, ancora una volta, il sorriso è stato traditore. Alla parola «incinta» ci è partita di default l'espressione beata e felice. Inutile negarlo a parole, non ci avrebbe mai creduto. Io un po' ci ho provato, a dire la verità: «Incinta... ma che parolone! Non proprio incinta... quasi... cioè, forse è più gonfiore...».

E Flora, piccata: «Quale gonfiore, Enrico? Stai forse dicendo che...».

«No, io non stavo dicendo niente, anzi io sto proprio zitto. Amore, parla tu che è meglio.»

E Flora ha confessato: «Sì, sono incinta. Ma è ancora presto, non dirlo a nessuno».

Dopo averlo fatto giurare sulle vongole che avrebbe mantenuto il segreto, proseguiamo la serata più distaccati, dissimulando con nonchalance e, a parte un paio di corse al bagno da parte di Flora abilmente mascherate da me, tutto prosegue senza intoppi.

Tornando a casa, in macchina, siamo silenziosi. Non so in quali pensieri sia persa lei, ma io sto fantasticando. Sto riflettendo sul fatto che l'anno prossimo, di questi tempi, alla cena del mio amico ci arriverò con una carrozzina. Che fra due anni varcherò la soglia di casa sua tenendo mio figlio per mano. Che fra tre anni sarà lui a precedermi correndo... Che fra quattro anni... vabbe', avete capito.

Certo, so bene che le cose potrebbero non accadere esattamente come me le immagino. Nel senso che il mio amico potrebbe cambiare casa. Ma mentre sono arrivato a figurarmi cosa accadrà questo stesso giorno tra diciotto anni, Flora interrompe il flusso dei miei pensieri: «Sai, Enry, credo che dovremmo far finta che io non sia incinta».

Nella mia testa, rumore di unghie su una lavagna, stridio di una frenata, una puntina che riga la superficie di un vinile. «Come sarebbe?»

«Sarebbe che ci stiamo abituando troppo, e troppo rapidamente, a quest'idea. E se le cose non andassero come dovrebbero? Se lo perdessi? Se scoprissimo che ha qualche problema? Ma lo sai che un bambino su trentatré può nascere con malattie congenite? Significa il 2-3 per cento dei nati. E che il 5,3 per cento delle donne italiane è costretto a ricorrere all'interruzione terapeutica di gravidanza? E che non abbiamo fatto neanche gli esami per scongiurare il pericolo di trasmettere malattie al feto?»

«Non lo sapevo...»

«Eh, ma questi sono problemi, problemi seri, sai? Ed è una nostra precisa responsabilità.»

Ma ti pare che mo' mi devo sentire in colpa perché aspettiamo un bambino?

«Andiamo avanti come se il bambino non ci fosse. Credimi, è meglio.»

Ma meglio per chi? Figuriamoci, nella mia testa ero già arrivato al giorno della tesi di laurea di mio figlio e dovrei cancellare tutti i ricordi fittizi che mi sono immaginato? Stavo quasi per diventare nonno, e mo' devo pensare che non c'è nessun bambino? Ammetto che forse stavo correndo un tantinello con la fantasia, ma che male c'è a sognare? E poi, davvero pensare che tutto questo non esista ci aiuterà, qualora le cose non dovessero andare per il meglio?

La verità è che non c'è modo di proteggersi dalla delusione e dal dolore, in una situazione come questa. Perché possiamo anche far finta che quel cosetto infinitesimamente piccolo non ci sia, ma la realtà è che c'è, esiste. E noi lo sappiamo. Ed è già parte di noi, perché c'è un pezzetto di tutti e due, lì dentro. Proprio per questo lo amiamo già, desideriamo il meglio per lui. Per quel microbo che ancora non sappiamo neanche che nome avrà. E, se domani ci dovessero dire «Non c'è più», sarebbe un duro colpo lo stesso. Anche se proseguiamo la nostra vita come sempre, senza fare i conti con un qualcosa che sta diventando un essere e che sovvertirà le nostre vite. Anzi, le ha già sovvertite, quasi ancor prima di esistere.

Questo avrei voluto dire a Flora. Ma in realtà so che anche lei ne è consapevole, solo che la paura ha avuto il sopravvento. E allora mi limito a risponderle: «Vedrai che andrà tutto bene. Ma, se lo desideri, facciamo così come dici tu». E le stringo la mano con forza, sperando di infonderle una sicurezza che, in fondo, neanche io sono certo di provare.

Sette

Il nostro fagiolino esiste da dodici settimane. Sono circa tre mesi che risiede indisturbato nel ventre di Flora e che non solo non paga l'affitto, mangia a sbafo e usufruisce di una climatizzazione ideale mentre qui fuori fa un caldo tremendo, ma fa sentire la propria presenza causando alla sua mamma nausee e malesseri vari.

Caro mio, se sei un maschietto, appena esci di lì papà ti spiega un paio di cosine sull'educazione e sull'essere almeno un pochino gentleman. Non ci si comporta così con la mamma! Se invece sei femminuccia, papà forse sta zitto perché sennò è certo che ti vendicheresti con lui in qualche modo; meglio che ve la vediate tra donne...

Comunque, voglio che tu sappia che la tua presenza, oltre a farsi sentire, si comincia a vedere: il pancino di Flora si è leggermente gonfiato. Prima era piatta come una tavola; adesso sembra una tavola che ha mangiato un'oliva. E tu, cara olivetta, stai diventando sempre più reale.

«Stavo pensando che adesso possiamo dirlo, che sei incinta. No?»

«Facciamo così: aspettiamo l'ecografia di domani, così siamo più tranquilli.»

«Come, domani? Guarda che è il 31, dopodomani!»

«Enrico, ma che dici? Mi ricordo perfettamente di averti detto che era il 30.»

«No, guarda che ti sbagli... controlliamo sull'agenda.»

«Stai forse dicendo che non so più quello che dico? Ho capito. Mi stai dando della rincoglionita. Ma cosa credi? E tra l'altro non mi dimenticherei per niente al mondo uno dei momenti più importanti della mia gravidanza. Forse non posso dire la stessa cosa di te...»

Ecco... nei primi tre mesi di gestazione, Flora ha un umore un tantino altalenante. Si accende facilmente, diciamo.

Poi ruggisce tirando fuori gli artigli e una voce gutturale che non le ho mai sentito prima d'ora: «Sei certo di volerlo questo figlio? No, perché guarda che io ce la faccio benissimo anche da sola. Se siamo già diventati un peso per te, che neanche ti ricordi una data come questa...».

«Ma no, amore, che dici? Avevo solo il dubbio che tu forse, ma non ne sono sicuro, eh, inavvertitamente potresti magari avermi detto un giorno invece di un altro ma così, perché può darsi che il ginecologo ti abbia cambiato data e ti abbia fatto confondere... mica per colpa tua.»

Inutile. Tutto inutile. Il suo umore segue una specie di parabola discendente, per cui alla fase leone indiavolato segue quella di piccola fiammiferaia che vaga nel bosco (piangendo): «Ecco. Lo sapevo, non mi dovevo fidare di un uomo di spettacolo. Ora vuoi abbandonarmi. Che ti abbiamo fatto di male, io e questa creaturina innocente? Ma non ce l'hai un cuore?».

«Flo, non dirlo neanche per scherzo. Stai facendo tutto da sola, davvero.»

«Stai dicendo che sono una visionaria?»

E si ricomincia, finché gli ormoni non si placano e allora Flora torna a essere una persona ragionevole. Infatti, una mezz'ora dopo: «Enry...».

«Dimmi.»

«Ho controllato sull'agenda.»

«... e?»

«Avevi ragione tu, era il 31. Ce l'hai con me?»

Ce l'ho con te? «Noooo, perché dovrei? Mi hai insultato, ti sei arrabbiata, ti sei disperata e, alla fine, viene fuori che avevi sbagliato giorno...»

«Eddai... non mi tenere il broncio... mi perdoni?»

«Non c'è niente da perdonare. Basta che cerchi di controllarti un pochino di più, se ci riesci.»

«No, no, mi devi dire che mi perdoni» dice lei, con una voce da gattina che fa le fusa.

«E va bene. Ti perdono.»

«Grazie. Ora mi sento meno in colpa a chiederti se mi vai a prendere il cioccolato.»

«Dove?»

«Al supermercato.»

«Ma sono le undici di sera... siamo già in pigiama...»

«Lo so, ma mi è venuta voglia di cioccolato.»

«Scusa, ma da quando non abbiamo il cioccolato in casa? Lo compravi sempre...»

«Non lo prendo più da quando sono incinta! Mica voglio ingrassare!»

«Ma se poi lo devo andare a comprare io in orari improbabili, forse è meglio se lo tieni in dispensa, no?»

«No, no... Meglio non averlo, così resisto di più. Se mi bastasse aprire uno sportello per trovarlo, ne mangerei troppo.»

Okay. Non insisto. Preferisco non sfidare la logica schiacciante di Flora, tanto più che non vorrei si risvegliasse l'ormone assassino.

Rassegnato, esco di casa in cerca di un supermercato aperto e mi dico, un po' scoraggiato, che questo è solo un piccolo insignificante sacrificio, molto più banale di quelli che mi aspettano quando sarà nato il fagiolino.

Poi, mentre giro tra gli scaffali in cerca di una barretta di cioccolato fondente al 75-80 per cento che Flo ha richiesto (nondipiùnondimenosennònonriescoamangiarlaepoimipuòfarmale), mi viene un dubbio. Consulto il mio cellulare... il 31... il 31 non sarà mica un mercoledì? No, perché per il 31 non ho preso impegni specifici, ma di mercoledì potrei non essere libero... e infatti. Mercoledì 31 agosto, ore due e mezzo del pomeriggio: riunione con autori, scenografo, costumista e musicista per il nuovo spettacolo. Be'... magari l'ecografia è di mattina! Potrei non essere nella mer... sì, insomma, potrei non essere spacciato.

Cullandomi in questa pia illusione, torno a casa. Prima di fare la domanda, le porgo il cioccolato, così si rabbonisce un po'. «Flo... così, per conferma... me lo ricordo, ma voglio essere proprio sicuro sicuro sicuro... l'ecografia, il 31, a che ora ce l'abbiamo?»

«Alle tre del pomeriggio, amore!» mi sorride lei, con una mosca di cioccolato sul mento.

Alle tre. Ecco, ora sì che sono nella merda. Purtroppo non posso spostare l'appuntamento con gli altri, c'è chi viene a Roma apposta, chi invece parte subito dopo. Ma del resto non posso confessare a Flora che ho fatto un casino con le date, né chiederle di rimandare la visita medica. Fremiamo da giorni per sapere come sta il piccolo ospite laggiù e, detto tra noi, non mi perderei questo momento per niente al mondo. Per la prima volta nella mia vita, scopro che c'è qualcosa di più importante del mio lavoro. Per carità, la mia famiglia ha sempre avuto un grosso peso nella mia esistenza; anche la mia compagna lo ha. Ma, forse perché non mi sono mai ritrovato così alle strette, a dover decidere tra il lavoro e la vita privata, non ho mai pensato davvero a chi avrei dato la priorità. Probabilmente avrei cercato un compromesso. Perché lo confesso: amo la mia famiglia, ma amo tantissimo anche il mio lavoro e mi dà gioia curarne tutti i particolari, quindi sacrificarlo a prescindere non è qualcosa che sono disposto a fare. Chi mi sta accanto lo sa, se ne rende conto e rispetta questo mio principio. Eppure stavolta mi accorgo che non si pone nemmeno la questione. Io all'ecografia ci vado. Gli altri aspetteranno. Fagiolino, ancora non sei neanche nato e già stai compiendo miracoli col tuo papà.

È il giorno della visita. Oggi sapremo se tutto va per il verso giusto e, con un po' di fortuna, magari scopriremo anche se l'ospite è un lui o una lei.

Non ho detto a Flora dell'appuntamento di lavoro. Quando avremo finito, se non sarà troppo tardi, raggiungerò gli altri.

Il mio cervello non riesce neanche a prendere in considerazione l'idea che qualcosa non vada e che dunque debba restare al fianco di Flo, magari per consolarla o per affrontare decisioni penose.

Siamo in macchina e mi sudano le mani. A me non sudano mai le mani! Ma che mi sta succedendo? Mi sguscia via anche il volante. Guardo sottecchi la mia compagna: mi sembra tranquilla, tutto sommato. La tradisce soltanto un lieve tic alla gamba, che se continua così mi buca la tappezzeria e il passeggero da oggi in poi potrà frenare con i piedi, stile Flintstones.

Arriviamo allo studio medico. La segretaria ci accoglie... vabbe', ci accoglie... ci fa entrare. «Accogliere» è un verbo troppo simpatico per lei. La osservo bene e penso che sarebbe l'ultima persona da cui vorrei essere consolato se fossi triste: magra magra, collo tiratissimo, monoespressione, un occhio più aperto dell'altro. Quando parla, muove impercettibilmente le labbra; sospetto sia reduce da un lifting malriuscito, idea avvalorata dal fatto che non riesco a vederle le orecchie. Temo siano finite dietro la nuca. Ha dei capelli molto fluenti. Forse un po' troppo, nel senso che mi sembrano una quantità immane di materiale tricotico per una testa sola: sicuramente porta le extension. Sotto il camice riesco a intuire un seno molto prosperoso, che potrebbe fare a gara con quello florido sfoggiato da Flo grazie alla gravidanza; ma anche in questo caso, mi viene il sospetto che non sia tutta roba della segretaria. Insomma, non ha un solo pezzo originale. Controlla con dita ingioiellate e unghie lunghissime – ricostruite anche quelle – l'orario del nostro appuntamento sull'iPad. «Siete qui per la signora, vero?» chiede indicando Flora.

«Be', è uno studio ginecologico...» rispondo io, pensando che forse il bisturi poteva usarlo meglio, tipo per intervenire sulla materia grigia.

«Com'è spiritoso! Lei è un comico, vero? Sì, sì, l'ho riconosciuta... è Brignani!»

«Brignano. Con la O.»

«Sì, vabbe', è uguale.»

«No, scusi, non è uguale. Se fosse uguale, non ci sarebbe bisogno di avere cinque vocali. Invece le vocali sono cinque proprio perché si distinguono una dall'altra...»

«Amore» interviene Flora, «ma che, ti metti a fare polemica con la segretaria?»

«No, che c'entra polemica. Però dice che è uguale! Non è uguale! E se all'anagrafe si sbagliano con il cognome di mio figlio? Che facciamo?»

«Non succederà. Comunque adesso la signora ha capito e correggerà il cognome anche sull'iPad, vedrai.»

«Prego, il dottore vi sta aspettando. Potete entrare, signori Brignani.» Appunto.

Una volta dentro, mi intimidisco un po'. Se devo essere sincero, non ero mai entrato in uno studio ginecologico e la sola vista di un paio di attrezzi, lasciati su un carrellino d'acciaio quasi con indifferenza, mi inquietava abbastanza. Oggetti metallici dalle forme più svariate, ma neanche una solo vagamente rassicurante... sembra di essere in una specie di stanza delle torture. C'è una sorta di becco gigante di una immaginaria papera d'acciaio, che ho intuito essere il famoso *speculum*... un astuccio con infilati una serie di rasoi, o almeno a me sembrano così, che il dottore ha chiamato «set di dilatatori di Hegar» pensando di appagare la mia curiosità, e invece non ha fatto che aumentare la mia ansia... perché io questo Hegar non lo conosco, magari sarà pure una brava persona, ma con quegli attrezzi lì un po' di male a qualcuno l'ha fatto. Sicuro.

Mentre io curioso in giro in questo modo, Flora si distende sul lettino e, a differenza mia, non sembra affatto terrorizzata. Ha solo fretta. Fretta di sapere la verità. Ah, la solita praticità delle donne!

Il dottore, allora, prende quell'affare con cui si fanno le ecografie, le mette un po' di gel sulla pancina e comincia a osservare lo schermo del computer. Mentre lui fa mugugni e annuisce, ma non ci dice niente, io provo a sbirciare per cercare di capire... tutto quello che riesco a vedere però è una specie di lastra, una macchia nera con disegni astratti più chiari e indecifrabili ai miei occhi. A un tratto, il medico ci guarda, serio, per qualche secondo. Poi si scioglie in un sorriso. Che mago della suspense, li mortacc... ehm, mannaggia a lui!

«Signori, il feto sta benissimo. Le sue dimensioni sono nella norma, non rilevo alcuna anomalia.»

Dopo aver tirato un gigantesco sospiro di sollievo, mi affaccio meglio verso lo schermo: «Ma... quale sarebbe, il feto?».

«Glielo faccio vedere subito! Ecco, questa è la testa... la riesce a scorgere?»

«Ma è un macrocefalo!»

Occhiataccia di Flora.

«Amore, scusa, però guarda: è tutta capoccia!»

«Si vede che ha ripreso da te» ribatte lei, lasciandosi sfuggire un mezzo sorriso.

«Stia tranquillo, è del tutto normale. Il resto deve ancora formarsi. Come può vedere, sembra un fagiolo con la testa.»

Allora faccio bene io, a chiamarlo fagiolino!

«C'è però un'altra cosa che si è già formata. Ascoltate qui...»

Dalla cassa del computer parte un suono: *tum, tum, tum, tum*... velocissimo. Una specie di tamburo che batte al ritmo di una musica tecno. *Tum, tum, tum, tum.* Quasi mi viene da svenire.

«Ecco. Questo è il suo cuore che batte.» Io sono uno che campa di parole, ma in questo momento non me ne resta neanche una manciata, neanche una. C'è solo la meraviglia della vita che si rinnova, sempre uguale, da millenni; eppure in modo unico, perché stavolta tocca a te. Lo ammetto, l'emozione ci ha sopraffatto. Flora a quel punto mi dice: «Adesso che sappiamo che va tutto bene, corri alla tua riunione».

«Ma come, lo sapevi?»

«Certo che lo sapevo. Infatti mi sono organizzata: tra poco arriva mia madre per riportarmi a casa. Tu vai a lavorare. Su.»

Non credo alle mie orecchie... «Grazie. Allora io vado... e lo dico a tutti: oggi ho sentito il cuore di nostro figlio!».

Ma il dottore mi corregge: «Di vostra figlia, signor Brignano. Figlia».

Otto

E così sei una femmina. Sei uno di quegli esseri complicati, teneri eppure forti, caparbi e al tempo stesso fragili che non sono mai riuscito a capire. È strano pensare che sei anche una parte di me, perché da quando so il tuo sesso mi sembra che sia diventata inaccessibile, come qualcuno che fino a ieri mi sembrava di conoscere e, all'improvviso, mi sia stato rivelato che in realtà non è quello che credevo. Sei un mistero imperscrutabile.

Ho persino chiesto al dottore: «Ma è sicuro? È proprio femmina femmina?».

E lui: «Signor Brignano, lo vede questo cosino qui? Be', è il clitoride».

Sono arrossito e ammutolito. Sì, perché al fatto che sarai dotata anche di un apparato riproduttivo non ci avevo pensato. Cioè, l'ho sempre saputo che ne avresti avuto uno, ma se fossi stata un maschio mi sarei sentito più tranquillo. Invece, pensare che un giorno sarai donna è qualcosa a cui non so se posso acconsentire a cuor leggero. Dovrò farlo, ma non mi verrà così spontaneo. Ma solo per un motivo, bambina mia: quando ci sarà qualcuno che a quell'apparato riproduttivo punterà con una certa attenzione, be', guai a lui. Come posso accettare l'idea che la mia piccolina un giorno possa essere considerata oggetto d'interesse erotico? Razionalmente so che io stesso ho destinato tale interesse a diverse donne, ognuna delle quali sarà stata la piccolina di papà suo, ma ora quel papà sono io e da questo punto di vista è tutta un'altra storia.

Non pensare però che sarò troppo possessivo, non voglio essere uno di quei padri capofamiglia che impediscono alla loro figlia di volare con le proprie ali. Ma se potessi esprimere un desiderio, vorrei che non accadesse troppo presto. Forse, quando avrai trentadue anni, ti lascerò uscire con qualche ragazzo, ma prima... no! Prima lo escludo categoricamente. Ma che, scherziamo?

E non provare ad allearti con tua madre per imbrogliarmi e andare agli appuntamenti, chiaro? Al massimo, se sarà proprio inevitabile che tu veda un ragazzino, almeno che io ne conosca nome e cognome, nazionalità, titolo di studio, occupazione, fedina penale sua e della sua famiglia nelle ultime tre generazioni; poi, dovrà venire a prenderti a casa e parlare con me, in privato. Chissà se perquisire qualcuno pur non essendo poliziotto è considerato violazione della privacy. E chissà qual è il confine tra consiglio e minaccia...

Scusa. Hai ragione, così non va bene. Non sei nemmeno nata e già sono l'esempio vivente del cliché del padre geloso della figlia femmina. Lo vedi? Si ha un bel dire che i figli sono tutti uguali, che è la stessa cosa, non importa che sesso abbiano. Mi sa che non è così.

Lascia che ti spieghi: un maschio, quando cresce, lo riesci a vedere come un uomo, diventa massiccio, le spalle si allargano, ne percepisci la forza e dunque ti sembra più pronto ad affrontare il mondo. Ma con una femmina... il cuore mi si stringe se ti penso... sarai la piccolina di papà. Dovrò proteggerti, non mi stancherò mai di farlo e mi sembrerai sempre indifesa anche quando sarai una donna fatta. E ora mi ritrovo a fare i conti con la ridda di emozioni contrastanti che mi assalgono quando ripenso al fatto che sarai, che sei, una bambina. La mia. Non sono mai stato padre e mi sembrava più facile farlo «tra uomini», quasi in virtù di una specie di solidarietà maschile, o di disposizione cameratesca, da spogliatoio dopopartita; invece tu sarai una lei. E io ho paura. Paura di non capire le tue esigenze, di non sapere come prenderti... paura di non riuscire a integrarmi pienamente nella tua vita, paura di sentirmi dire un giorno: «Questo chiedilo a tua madre».

Per questo ti chiedo di aiutarmi a esserci sempre, ad affrontare anche quegli aspetti della tua esistenza che potrebbero infastidirmi. Come la scelta di un vestito... Ti prego, io cercherò di chiudere un occhio, ma tu quella gonnellina allungala un po'! Insegnami a gestire la mia gelosia; io non sono un tipo possessivo, ma con te è diverso.

«Di chi è quel messaggio?»

«Dove credi di andare, signorina?»

«Si rientra a mezzanotte, non un minuto di più.»

Ecco: qualcuna di queste frasi concedimela. È il gioco delle parti... lo so che ti romperò, ma in fondo se non lo facessi finiresti per pensare che non mi interessa niente di te. Sai cosa mi piacerebbe davvero, però? Che tu vincessi un po' la vergogna che le femminucce spesso hanno nei confronti dei papà e che mi aprissi il tuo cuore, mi raccontassi i sogni, le paure... okay, anche dei fidanzati, tanto poi andrò a piangere di sconforto dalla mamma.

Perché io vorrei conoscerti bene, sai? E una cosa te la voglio promettere fin d'ora: non ti considererò mai un prolungamento di me stesso. Già adesso, che nuoti nella pancia della mamma, sei un esserino a se stante, un individuo con una sua personalità, che svilupperà le proprie passioni, il proprio carattere, che avrà i suoi gusti e i suoi pensieri. Rispetterò tutto questo, anche se dovesse essere molto diverso dal mio modo di pensare. E sarebbe molto bello se anche tu rispettassi me, con le mie convinzioni che, ne sono certo, giudicherai datate e le mie raccomandazioni che ti suoneranno inutili.

Certo che ancora non sei nata e già ti propongo un patto di non belligeranza! Va bene, per te? Spero che questa chiacchierata non ti scocci. Ma in fondo, tanto che hai da fare lì dentro? Sì, lo so, ti stai concentrando a crescere, ma secondo me ti annoi pure parecchio. Non saprei darti torto: al buio, nel silenzio... mai qualcuno che venga a trovarti... e allora è bello scambiare due parole, ti pare?

Come? Cosa devi aspettarti qui fuori? Eh... bella domanda. Forse sarebbe stato meglio se ti avessi lasciato annoiare da sola. No, dài, non fare così, scherzavo. Va bene, rispondo. Qui fuori... qui fuori è bello, tutto sommato. Anzi, ripensandoci, qui fuori sarebbe una meraviglia. Il problema non è il mondo, ma gli esseri umani. Però non vorrei guastare la tua ingenuità adesso.

Preferisco parlarti solo delle cose positive, tanto le brutture avrai tempo per conoscerle. E allora, parliamo di ciò che potrà stupirti e incantarti quando nascerai. Se penso che ancora devi scoprire tutto!

Tu ancora non sai cosa siano i colori... ma tanto, come tutte le bambine, per i primi dieci anni della tua vita amerai solo il rosa. Non ci credi? Ne riparleremo appena imparerai a dire la parola «fucsia». Come? Sì, ci sono parole un po' complicate sia per la pronuncia che per il significato, ma riuscirai a pronunciarle bene, vedrai. Parole come «onomatopeico», «apotropaico», «proselitismo», «supercalifragilistichespiralidoso».

Quando uscirai di lì, imparerai che la materia è fatta in tanti modi diversi: le superfici possono essere piane o ruvide, morbide o dure, ferme o in movimento. E, in ogni caso, qualunque cosa ti presenteremo davanti, finirai per afferrare gli orecchini della mamma tirando e staccandoli dal lobo con sommo dolore. Il suo. Magra consolazione di padre!

Il tuo nasino esplorerà gli odori, buoni e cattivi. E, mi dispiace dirtelo, tu di odori cattivi ne produrrai parecchi... a giudicare da quello che mi raccontano gli altri genitori, i pannolini dei lattanti puzzano peggio dei rifiuti tossici nelle discariche abusive. Non preoccuparti, ti vorrò bene lo stesso; ho già ordinato online una bella maschera con boccaglio, per inspirare aria pulita mentre ti cambierò. Come vedi, sono un papà previdente.

Caspita! Ora che ci penso... sai che sei fortunata? Tu non hai ancora visto nessun film, quindi non sai come va a finire *Il sesto senso*, non ti sei ancora emozionata con Chaplin o guardando *La vita è bella*, non hai ancora riso delle gag intramontabili di Stanlio e Ollio, che io invece conosco a memoria... Non sai che Hendrix nel '67 incendiò una chitarra, che Elvis e i Beatles cambiarono per sempre la storia della musica, che andare a un concerto e sentirsi parte di qualcosa, cantando all'unisono una bella melodia, è una sensazione unica che ti mette in pace con l'universo.

Sarà bello vivere tutte queste tue prime volte, quasi che fossero anche le mie. Come dici? Cos'è la musica? Be', è quella cosa che ogni tanto la mamma e io ti facciamo ascoltare. Hai presente quando piazzo le cuffie sulla pancia e partono dei suoni? Quelli che ti piacciono tanto... ti devono piacere per forza, a giudicare da come ti muovi lì dentro. Ecco, quella si chiama musica.

Piccola bimba, sei una pagina bianca ancora da scrivere... E io cercherò di insegnarti a usare la grafia più bella. E anche se non dovesse essere perfetta, ti aiuterò ad amarla, perché tua. Ti prenderò per mano e ti dirò: «Cara...». Ti dirò proprio così: «Cara...». Oddio, solo adesso me ne rendo conto: non hai ancora un nome! E mo'?

*

Preso da un senso di inquietudine al pensiero di avere una bambina senza nome, ho sentito l'urgenza di parlarne alla momentanea custodia di mia figlia, ovvero sua madre. Come sempre, Flora mi ha stupito per la sua praticità: «Non preoccuparti, sono solo al sesto mese, c'è tutto il tempo. Abbiamo ancora novanta giorni per decidere come si chiamerà!».

Questo mi ha calmato alquanto, anche se l'idea di parlare a un esserino senza nome mi intristisce un po'. «E comunque» ha aggiunto Flora «io ho già stilato una lista di nomi che mi piacciono.» A-ha! Eccola là! Lo sapevo che era impossibile che non ci avesse già iniziato a pensare, lei che fa quella tutta calma e posata. Devo renderle atto che, quanto meno, ci aveva già riflettuto molto prima di me, che in questa esperienza della gravidanza mi sento come un merluzzo nelle reti di Capitan Findus: mi agito molto e inutilmente, tanto decide sempre tutto qualcun altro.

«E quindi, che nomi proporresti?» le chiedo. Così, con nonchalance, ma sotto sotto fremendo dalla curiosità e dal senso di responsabilità; in questo momento stiamo scegliendo quasi «l'identità» di nostra figlia. E dovremo scegliere bene, perché non è che se non ci piace o cambiamo idea, periodicamente possiamo andare all'anagrafe e dire: «Guardi, questo mese, visto che è stata discola, metta Selvaggia. Ma grazie! Non sapevo che al tredicesimo cambio di nome ce ne spettasse uno da uomo in regalo, in caso di figlio maschio! Allora scelgo Alessandro».

Non funziona così. Un nome è come un diamante, è come un mutuo: è per sempre! E siccome a chiamarla saremo soprattutto noi, dovremo sceglierne uno che non ci stanchi, che sia elegante ma non pretenzioso, non troppo originale che sennò poi la prendono in giro... ma non troppo comune, altrimenti diventa banale.

«Che ne dici di Perla?» la voce di Flora interrompe il mio flusso di pensieri.

«Ha un bel colore. Che ci devi fare?»

«Enrico, ma che dici? Parlo del nome per la bambina! Nella mia famiglia, le donne hanno sempre avuto nomi particolari e Perla era un'opzione.»

«No, ti prego! Immagina quando dirà le sue prime parole: uh! "Perla parla"! Sembra uno scioglilingua.»

«Ho capito. Tipo: "Il papà di Perla è un pirla".»

«Esattam... dicevi a me?»

«Noooo! Stavo facendo un altro esempio di assonanza fastidiosa. Dunque, appurato che Perla lo cancelliamo... che ne dici di Sofia?»

«Bello. Però, non so... se poi le viene la esse moscia?»

«Intendi, se dovesse soffrire di sigmatismo?»

«Eh, quella cosa là. Te la immagini? "Ciao bimba, come ti chiami?" "Fofia." Perché dovrei mettere in difficoltà la mia piccola già dal nome?»

«In effetti, già si ritrova un padre come te... almeno nel nome, facilitiamola» scherza Flo, che sta cominciando a prenderci gusto, col gioco del trovanome.

«Senti... e Giulia? Giulia è un nome bello. Romano. Delicato, ma con grande dignità. No?»

«Sì. Ma se poi la chiamano Giulietta?»

«Che male c'è, scusa? Ci sarebbe anche un riferimento shakespeariano che non mi dispiace per niente.»

«Eh, ma Giulietta ha fatto una brutta fine. Era uscita di produzione... mo' lascia stare che l'hanno rimessa sul mercato...»

«Enry, ma visto che non te ne sta bene uno, fammi capire: tu a che nomi avevi pensato?»

«Ah, io ho pensato a nomi particolari ma con una storia, che raccontino un carattere, quasi.»

«Tipo?»

«Adalgisa.»

A Flora va di traverso il caffè che sta sorseggiando: «Scusa? E tu vorresti chiamare una bambina Adalgisa?».

«Certo! Intanto questo nome ce lo hanno in pochissime...»

«E un motivo ci sarà, no?»

«E poi lo sai quale grande personaggio storico si chiamava così?»

«Veramente no.»

«Be', neanche io, ma qualcuno ce l'avrà pure avuto!»

«Non mi hai convinto. Vai col secondo nome.»

«Pensavo Uga.»

«Come la nipote di Fantozzi?»

«Be', ma la nostra sarà più carina!»

«Lo spero bene, nel film era un mostro. Le preparavano anche il maglione con tante braccia, quasi fosse un polpo, ti ricordi?»

«Già. Però pensa quante cose potrebbe fare contemporaneamente, con otto braccia!»

«Non lo dire neanche per scherzo. La nostra bambina non avrà otto braccia.»

«Peccato. Comunque, è che ho pensato a Troisi e alla sua teoria per cui, se il figlio ha un nome breve, è anche più educato perché non riesce ad allontanarsi, lo freddi subito: "Uga! Vieni qui"; "Uga! Lascia stare le trousse di trucchi"; "Uga! Non macchiare con i colori indelebili i vestiti da sera della mamma".»

«Ma fammi capire, quando questa bambina deve distruggere qualcosa, deve trattarsi sempre di roba mia?»

«Vabbe', era un esempio, no?»

«E allora, per esempio, facciamo così: "Uga! Posa i modellini dei furgoncini di papà. No, non buttarli dal terrazzo"...»

«A me 'sta Uga comincia a stare antipatica. Non la voglio una figlia così pestifera e maleducata.»

«Condivido. Mi sa che dobbiamo scegliere un altro nome...»

«Mi sa pure a me. Comunque... io ne avrei ancora uno. Fin qui ho scherzato, ma stavolta ti dico quello vero, quello a cui ho pensato e che mi piace tanto.»

«Sentiamo questo nome, dài...»

«Io... sì, insomma... a me piace Martina.»

Ed è stato in quel momento che hai tirato un calcetto alla mamma. Allora abbiamo capito che era il nome giusto. Perché lo avevi scelto direttamente tu.

Nove

Quando vado a recitare in teatro non passo quasi mai per l'ingresso principale, quello che affaccia sulla strada, sfolgorante di luci e di foto, dove grazie a Dio da molti anni mi capita di vedere spesso campeggiare la fortunata scritta: «Sold out». Quasi sempre passo per l'ingresso degli artisti, per lo più una modesta porta laterale o sul retro, che imbudella in un dedalo di corridoi strettissimi prima di arrivare ai camerini o al retropalco. Lo faccio per scaramanzia, soprattutto, ma anche per ribadire un'identità, una separatezza necessaria, credo, alla sacralità del palcoscenico. Mi piace confondermi tra la gente quando non lavoro, cosa sempre molto complicata per altro, ma nell'esercizio delle mie funzioni voglio che il pubblico mi veda soltanto all'aprirsi del sipario.

Questo accade in quasi tutti i teatri d'Italia, tranne in quello che per me è il Teatro per eccellenza, il Sistina di Roma, l'Imperatore dei teatri italiani. Al Sistina tutti entrano dagli ingressi principali, per tradizione più che per comodità. Così mi capita di salutare le cassiere: uso il femminile perché, tranne qualche rara eccezione, al Sistina sono quasi tutte signore. Il loro è un ruolo fondamentale, perché chi sta alla cassa è la prima persona con la quale lo spettatore viene a contatto entrando in teatro: in ordine di apparizione, viene molto prima di me. Non so se accada ancora, ma ricordo che una cassiera del Sistina teneva un quaderno, una specie di diario dove giorno per giorno annotava le richieste bizzarre di chi domandava informazioni sullo spettacolo. Un frasario essenziale di assurdità, un'antologia del paradosso, una miniera d'oro per comici.

Qualche esempio: «Mi scusi, ma stasera recitano gli attori vivi?».

«Se lo spettacolo è alle nove, secondo lei a che ora butto la pasta?»

«Ma se l'attore muore prima della fine, il biglietto è rimborsato?»

«Qual è la sala Brignano?» Come se fossimo al cinema!

E infinite variazioni sul tema della strana percezione che la gente, non tutta per fortuna, ha di noi teatranti e del teatro in genere.

Anch'io ho un quadernetto, una specie di diario segreto, perlomeno fino a ora. Ci ho annotato tutte le Florate. Ovvero tutte quelle piccole, piccolissime e grandi, a volte colossali stramberie dette da Flora durante i nove mesi di gravidanza, riguardanti voglie, paure e stati d'animo in genere.

Riporto fedelmente come scritto:

Agosto 2016. Napoli con Sara e Claudio. Bellissima giornata. Flora, con quel suo accenno di pancino, è splendida. Peccato solo per le nausee che si riaffacciano a tratti. Risalendo in macchina, Sara ha detto: «Uh! Avete sentito? È morta X». Flora è scoppiata in un pianto disperato. Sara, mortificata, le ha detto: «Flo, scusa, ma eravate amiche?». E Flora: «No, non è lei, so' gli ormoni!». Io ho aggiunto: «Sì, ormai piange pure se tramonta il sole». E Flora piangendo a dirotto: «È che così diventa buio...».

Sempre in Costiera. Oggi niente nausee. Stasera si cena nel ristorante migliore della zona. Lei ha voglia di bagnacauda e non sente ragioni.

«Flo, siamo ad Amalfi... dove la trovo la bagnacauda?»

«Impegnati!»

Chiamo il ristorante, il proprietario dopo un attimo di esitazione si ricorda di avere un collega piemontese a cui chiedere almeno la ricetta... ma non garantisce l'esito. Gli rispondo di non preoccuparsi e mi profondo in mille ringraziamenti.

La sera arriviamo e il proprietario con un sorriso a settantadue denti dice a Flora: «Signora, stasera solo per lei abbiamo un'ottima bagnacauda».

Lei candidamente: «Grazie. Credo che mangerò un tagliolino ai frutti di mare... ma se volesse togliermi uno sfizio... prima di cena... avete per caso delle caldarroste?».

Il proprietario mi guarda attonito... io fisso le posate come se non ne avessi mai vista una in vita mia.

Novembre 2016. Guardando insieme la tv, sul divano. Lei: «Guarda che bella questa ragazza!», indicando una nuova showgirl che si dimena, ballando e cantando in una sigla tv. Io, che mi sto per addormentare, apro un occhio e allungo uno sguardo: «Sì, abbastanza. Oddio, non mi fa impazzire».

«Be', ma se non ti piace una così, che cosa pretendi da una donna? La perfezione? Come faccio a piacerti io, che ho pure un gran pancione adesso?»

«Ma che c'entra? Ti amo, con te è diverso!»

«Quindi vorresti dire che in realtà sono un cesso ma siccome mi ami va bene così?»

«Flo, non volevo dire niente. C'ho sonno, mi hai fatto una domanda sulla ballerina e ho detto che non mi fa impazzire. Sarò padrone di avere un'opinione?»

«Sì, sì. Certo. È solo che vorrei sapere come ti piacciono, allora, le donne.»

«Mi piacciono come te. Va bene?»

«Ruffiano. Si vede che lo dici solo per farmi stare buona.»

«Francamente sì, sarei molto contento se placassi questa tua aggressività. Per niente, poi.»

«Per niente, dice lui. Per niente? Ho appena capito che non ti piaccio più e poi, se la cosa mi turba, la matta sono io?»

«Flo... mi piaci. Tantissimo. Mi piace anche la pancia. E ti dirò, a guardarla bene, mi piace pure la ballerina. Okay?»

Incredibilmente, si rasserena: «Okay». Passano venti secondi. «Ma la ballerina ti piace più di me?»

Aaahhh!

Ancora novembre 2016, Roma. Aspetto Flora passeggiando sul marciapiede. Dobbiamo andare a ordinare la cameretta per Martina. Io sono arrivato per conto mio, perché ero già in giro a sbrigare altre incombenze; lei viene direttamente da casa. La scorgo in lontananza, sulla sua auto; procede piano, in cerca di un parcheggio che, in questa città, è tanto difficile da trovare quanto il Sacro

Graal. Dopo tre giri di palazzo, la vedo sbuffare nell'abitacolo.

«Vuoi che ci pensi io?»

Lei, dal finestrino: «Eh, ma tanto non è che hai la bacchetta magica. Faccio ancora un giro». Mentre mi parla, distoglie lo sguardo e assume la faccia di un segugio che ha puntato la selvaggina: si dirige decisa verso un posto che, a occhio, mi sembra un po' troppo piccolo.

«Flo, sei sicura? Non so se ci entra la tua macchina...»

«Enrico, dopo quindici minuti di giri a vuoto, io ce la faccio entrare, te lo assicuro.»

Seguono altri cinque minuti di manovre, sterzate, frenate e sbuffi della mia caparbia signora. Alla fine, l'auto effettivamente ci entra. Flora mi guarda con l'aria soddisfatta: «Che ti avevo detto?».

Scende dall'auto. O almeno, ci prova. Sì, perché la macchina c'è entrata, ma lei con il suo pancione non riesce a uscire. Si gira, si rigira, dimenandosi come un pesce rosso fuori dall'acqua. Infine, rassegnata, chiude lo sportello e rimette in moto. Io assumo un'espressione il più neutra possibile. Lei: «Se dici una sola parola, sei un uomo morto».

E scoppiamo entrambi in una fragorosa risata.

Dicembre 2016. Siamo a Torino, Flora mi ha raggiunto in tournée.

Al ristorante: «Mi andrebbero tanto dei mandarini».

«Ma certo, amore. Li chiediamo subito! Cameriere, scusi, avete dei mandarini?»

«No, mi spiace. Abbiamo ananas, mele o pere.»

«Allora nulla, grazie lo stesso. Flo, mi dispiace...»

«Ma com'è possibile che un ristorante, a dicembre, non abbia i mandarini? Non mi capacito proprio...» E, mentre si lamenta di questa mancanza, tira fuori dalla sua borsa circa sei mandarini.

«Amore, scusa, ma se già li avevi... vabbe' che non è elegante mangiare cibo portato da casa in un ristorante... però, che li hai chiesti a fare?»

«Perché sennò questi mi finiscono! Poi in albergo che mi mangio?»

Inutile rispondere: «Li compriamo» a quel faccino preoccupato e, sotto sotto, furbetto. Non c'è che dire: Flora in gravidanza mi fa ridere tantissimo.

Una sera qualunque, a casa nostra. «Amore, scendo a buttare la spazzatura!»

«Oh, però torna, eh! Non è che mi abbandoni?» scherza lei.

«Vediamo chi incontro davanti ai secchioni!» gioco io di rimando.

Scendo, butto, salgo. Andiamo a dormire e tutto sembra andar bene.

Il mattino dopo, Flora mi tiene il muso, mi tratta in modo scorbutico. Insomma, è evidente che ce l'ha con me.

Alla terza rispostaccia, non resisto più e le chiedo: «Ma insomma, che succede?».

«Succede che stanotte ho fatto un sogno.»

Sento che dovrei trattenermi, che non dovrei chiedere perché sono solo guai in arrivo, ma mi scappa un: «Che sogno?».

«Scendevi a buttare la spazzatura.»

«Be', questo è successo davvero.»

«Lo so. Ma stavolta, prima di scendere, mi dicevi che non saresti più risalito, che dato l'arrivo della bambina non te la sentivi più di stare con me, che mi auguravi il meglio ma dovevi andartene; allora io ti imploravo, ti dicevo: "Ma come? Non potevi pensarci prima? Adesso aspettiamo un figlio!". Solo che tu eri irremovibile. Mi hai lasciato da sola, in questa casa, a piangere e a pensare a nostra figlia che ancora non era nata e già non aveva più il padre...».

«Vabbe', Flo, ma era solo un sogno! Perché sei arrabbiata con me?»

«Perché sembrava vero! Quindi non mi parlare finché non mi passa. Egoista!»

Su lato opposto del quaderno scelgo di prendere appunti che sono tutte variazioni su uno stesso tema. Ne riporto un sunto.

Luglio 2016.

«Enry... assisterai al parto, vero?»

«Mi fa un po' paura, ma non voglio perdermi la nascita di mia figlia. Quindi, sì. Senza dubbio.»

Settembre 2016.

«Non so se è una buona idea che tu assista al parto... sei impressionabile... forse è meglio che aspetti fuori.»

Ottobre 2016.

«Dài, per un padre tagliare il cordone ombelicale è un modo di partecipare a qualcosa che, altrimenti, sembra quasi non riguardarlo. Secondo me, è quasi d'obbligo che tu lo faccia.»

Novembre 2016.

«No, ma se non te la senti lo capisco. D'altro canto, anche io non sono sicura di volerti avere intorno mentre sto soffrendo. Potrei dirti cose brutte, per via del dolore. No, non entrare.»

Gennaio 2017.

«Visto che faccio il cesareo, credo sia opportuno che tu non assista. Sarà molto splatter, non posso farti questo.»

Febbraio 2017, a pochi giorni dalla nascita di Martina.

«E tu vorresti farmi questo? Lasciarmi lì da sola, senza alcun conforto, mentre metto al mondo *tua* figlia? Non te lo sognare nemmeno. Tu entri con me. Punto.»

9 febbraio 2017.

Sto seriamente pensando di mettermi sulla porta della sala parto, con un piede dentro e uno fuori, per esserci senza esserci. Oppure mi informo sul colore delle pareti, per mimetizzarmi e assistere indisturbato. Qualsiasi cosa purché lei non si arrabbi con me. Perché lo confesso: ho scoperto che una donna incinta che si arrabbia mi fa molta, moltissima paura.

Per fortuna, Martina sta per venire al mondo. Abbiamo un appuntamento con lei, il 10 febbraio 2017, e a me tremano le gambe al solo pensiero.

Dieci

Oggi ho fatto un sogno: era una giornata di sole, cosa insolita visto che è febbraio. Eppure l'aria era tiepida a Roma, tanto che quando siamo usciti, Flora e io, a un certo punto ci siamo tolti il cappotto per il caldo. Siamo saliti su una carrozza e, per tutto il tragitto, siamo rimasti in silenzio; abbiamo preferito ascoltare i battiti del nostro cuore e scambiarci lunghe occhiate che valevano più di mille parole.

Poi, nel sogno, siamo arrivati davanti a questo castello incantato, enorme; abbiamo attraversato il giardino e ci siamo diretti in una stanza al secondo piano. Ho aiutato la mia compagna a svestirsi, pian piano, come se stessi sfogliando i petali di un fiore. L'ho guardata a lungo, fissando per l'ultima volta quel ventre gonfio, e non mi è mai sembrata così bella. Mentre aspettavamo il Grande Mago, abbiamo parlato di Lei, ci siamo bisbigliati le stesse domande che da mesi non trovano risposta: «Avrà il mio naso?».

«Speriamo di no, Enry.»

«Ma come?»

«Be', sarebbe meglio che prendesse i tuoi occhi verdi. Anche la bocca va bene. I piedi no.»

«Perché, che hanno i miei piedi?»

«Amore, cominciamo a chiamare le cose col loro nome: tu non hai dei piedi... tu hai dei plumcake! E siccome lei è una femminuccia, vorrei che le sue estremità fossero un po' più affusolate delle tue, ecco.»

Su questo sono costretto ad abbozzare: effettivamente, ha ragione lei. E mentre siamo lì a fantasticare su come sarà, chissà se ha già i capelli, e quanto sarà paffutella, e il pianto sarà squillante o più gutturale?, arrivano ad avvisarci che è il momento.

Degli elfi vestiti di verde portano via Flora, mentre mi lasciano un camice, un berretto e una mascherina da indossare.

Lo faccio, con un po' di difficoltà. Mo' sarà l'agitazione, ma 'sto coso si allaccia avanti o dietro? La mascherina è enorme, se non sto attento mi copre pure gli occhi e non posso permettermelo, devo vedere tutto, non voglio perdermi neanche un secondo, nemmeno un dettaglio.

Quando mi metto il berretto verde da sala operatoria e mi guardo allo specchio, penso che fortunatamente ho una certa stima della mia intelligenza, perché quello che vedo riflesso è uno con la faccia decisamente da scemo. Ma tanto è solo un sogno, giusto?

Vengo portato in un antro dove il Grande Mago ha fatto un sortilegio a Flora, tanto che lei non sente più il suo corpo dallo stomaco in giù. Io le resto accanto, le tengo la mano; lei ha il volto teso, ma riesce a sorridermi ugualmente. Sembra un momento perfetto e dolcissimo, poi non so che mi prenda. Comincio a fare domande: «Quindi adesso come procede? Ah, quello è il bisturi? Questa sala operatoria comunque è confortevole, eh. Quanti parti avete fatto qui dentro? Anche solo approssimativamente... Stamattina non c'era traffico, siamo arrivati in un battibaleno, vero Flo? Meno male... che figuraccia sarebbe stata se fossimo arrivati troppo tardi!».

La faccia della mia compagna non è più né tesa né sorridente, neanche debolmente: è intenerita. Sembra preoccupata più per me che per se stessa. Mi vede sperduto, sente che faccio domande sceme per placare l'agitazione, mi conosce come uno capace e attrezzato per ogni situazione e mi percepisce in quel momento come l'uomo più sguarnito e inerme sulla faccia della terra. Non mi dice nulla, mi rincuora con lo sguardo più amorevole e stringe la sua mano intorno alla mia. Incredibile, è lei che fa coraggio a me. Un portento, la mia donna.

Non contenta, aggiunge comunque: «Amore mio, so che sei nervoso, ma comunque tappati la bocca. Ho un ago infilato nella schiena e mi stanno per aprire in due come una cozza. Quella più nervosa dovrei essere io. Goditi il momento. Ma in silenzio!».

Intanto, dall'altra parte del telo che hanno messo tra noi e il suo ventre, ho visto afferrare un divaricatore: un aggeggio infernale che ho capito avrebbe tenuto aperta la pancia per consentire l'estrazione della piccola... tanto bastava ad ammutolirmi.

«È solo un sogno, è solo un sogno, è solo un sogno» mi ripeto durante l'intervento, come fosse un mantra. Certo, perché nei sogni non ci sono pericoli veri; non può succedere mai nulla di brutto e, quando succede, basta il suono di una sveglia a tirarci via dai guai.

E poi, proprio come in un sogno, percepisco una realtà ovattata intorno a me... la mano di Flora stretta intorno alla mia mi sembra che perda pian piano consistenza; le luci puntate tutte sulla sua pancia, come accade su un palcoscenico... e in effetti lo spettacolo sta per cominciare, la protagonista indiscussa si affaccerà al centro della scena, sotto i riflettori, per allietare il mondo con i suoi acuti.

Sento rumore di ferraglia, ma distante da me; poi, per qualche secondo che mi sembra eterno, il silenzio. La mia compagna e io fissiamo il telo verde, aspettando un segnale, un suono, un cenno. Restiamo così, sospesi in un limbo, non saprei dire per quanto; poi, una vocetta argentina squarcia l'aria e forse anche il telo davanti a noi. È un pianto, un inno alla vita, il primo grido di mia figlia, che vuol far sapere del proprio arrivo a tutto l'universo.

In quel momento, capisco cosa intendono gli asceti che asseriscono di riuscire a sentirsi un tutt'uno con l'energia cosmica; nell'udire quella vocina, che si è trasformata via via in un pianto disperato, passo attraverso tutti gli stadi della materia: liquido, solido, gassoso. Ma soprattutto liquido, perché le mie lacrime hanno cominciato a sgorgare insieme alle sue, piene di gioia, di soddisfazione.

Quando dicono che solo alla nascita di un figlio comprendi profondamente cosa significa amare, credo che abbiano ragione.

Come un automa, taglio il cordone ombelicale. Uno degli elfi che attornia il Grande Mago fa praticamente sparire la mia bambina con una gestualità da illusionista consumato. Poi capisco che la stanno pulendo, controllando e vestendo per presentarcela tutta aggiustata, come si addice a una signorina.

Quando me la mettono tra le braccia, penso che il sogno vero sia lei: così piccola e così compiuta. Una testina minuscola, due occhioni grigi in cerca di luce, la boccuccia di Flora, così perfetta da sembrare disegnata, delle manine con dieci dita (come tutti i padri non faccio eccezione e le ho contate più volte, per essere sicuro)... Dei piedini a plumcake! I miei!

«Amore, mi dispiace... li ha presi da me!»

«Sta bene?» Guardiamo il Grande Mago con aria interrogativa. Ci fa cenno di sì con la testa, rassicurante.

«E allora chissenefrega dei piedini tozzi» dice Flo.

Non c'è dubbio, è proprio un sogno: non ho mai provato tanta euforia in vita mia. E non ho mai creduto di avere tanto liquido in corpo! Per l'intera giornata i miei dotti lacrimali saranno intasati: con chiunque arrivi, a chiunque mostri orgoglioso il mio fagottello rosa profumato, ogni volta che racconto nel dettaglio com'è arrivato a noi, comincio a piangere. E la cosa strana è che non solo non posso, ma neanche voglio smettere! Il mio è un pianto liberatorio; sono lacrime d'amore in una giornata irreale, in cui vedo avvicendarsi volti sorridenti e commossi che ben conosco, stringo mani, abbraccio corpi. Mi sento chiamare «papà» e non credo di aver mai sentito una parola dal suono più dolce.

Certo, fa anche paura. È una responsabilità enorme, una promessa che sa di eterno fatta a un microbo così prezioso, che un attimo prima non c'era e che adesso, improvvisamente, afferma con prepotenza la propria esistenza.

È solo verso sera che, nel silenzio della clinica, mi guardo intorno e non c'è più nessuno. Flora dorme, affaticata e felice; sul volto un sorriso pacificato, quello dei giusti che hanno compiuto un'impresa folle e coraggiosa.

Sento un'ondata di gratitudine gigantesca nei confronti di questa donna che mi ha regalato la gioia più grande di tutta la mia vita... e, a ben pensarci, è tutto il giorno che la guardo con gli occhi umidi, la abbraccio e le dico «grazie».

Distolgo lo sguardo da lei e lo fisso sul lettino in miniatura che le sta accanto. Dalla mia postazione, riesco a vedere solo una nuvola di lenzuoline bianche da cui fa capolino una piccolissima fronte, piena di capelli scuri.

Sì, perché mia figlia è nata con una massa di capelli ribelli, scuri e ricciolini: la mia eredità, insieme ai piedi paffuti. Mia figlia. Suona bene. Molto bene. Ed è esattamente in questo momento, mentre osservo le mie donne riposare nella penombra, che realizzo che adesso sì, siamo una famiglia. Un'ultima lacrima fa capolino dai miei occhi: mi sono ripromesso di smetterla, va bene tutto ma una nascita è una cosa bella e va celebrata coi sorrisi. E poi non è che in ogni foto posso avere gli occhi rossi... Siamo una famiglia.

Peccato sia solo un sogno. Com'è che dicono che ci si accorge se una cosa è reale o no? Ah, sì: bisogna saltare tre volte sul posto. Se alla terza volta si prende il volo, allora stiamo sognando.

Come un matto chiuso nel suo mondo, mi alzo e comincio a saltare: uno, due, tre... No, non sto sognando. Perché io resto a terra, mentre l'unica cosa che prende il volo è il mio cuore, come un palloncino gonfio di felicità.

Undici

Il melograno cresceva rigoglioso a coronare l'attesa....
... però a me il melograno manco mi piace! Non va bene.
Non vi sto a dire quanto fossi in tripudio...
... lo dico o non lo dico?
«Siete mai stai veramente felici voi...?»
... ma fatte l'affari tua...
«Potrei paragonarti ad un giorno d'estate...»

L'afa... il sudore... no, no, persino Shakespeare, che è come il nero, va su tutto, in questo caso non mi aiuta.

Non c'è verso. Non riesco a organizzare un pensiero compiuto, figuriamoci un racconto coerente, o un discorso appropriato. Al massimo potrei scrivere: «Ngesbrlkencisoocvbkjdjgjelrkjvlfkgnjrkfrjnelrjg nejgnòòàf». Ecco una parola che può sintetizzare il complesso di emozioni che mi attraversano! Più comprensibile dell'intrico verbale in cui m'impiglio a ogni domanda e a ogni risposta. Qualsiasi tentativo è fallimentare e allora, con il suo consenso, mi permetto di attingere dal diario di Flora. Colei che oltre ai diritti di madre, i diritti di moglie, i diritti di donna, ora può rivendicare con ogni legittimità... i diritti d'autore. E non me ne voglia, perché in questa storia che è la nostra vita, l'autrice che ha più diritti è proprio lei.

Dal diario di Flora.

12 febbraio 2017, ore 11

Oggi è il mio compleanno. Il più bello che potessi mai immaginare, perché sono madre da due giorni.

Sono ancora tutta in subbuglio; a essere sinceri, dopo il cesareo mi sento come se mi fosse passato sopra un tir con rimorchio, ma tutti – e dico tutti – mi hanno giurato che dimenticherò in fretta questi dolori, ripagata dalla presenza del mio fagottino. Se non è così, giuro che li vado a cercare, questi tutti... e poi gli rigo la macchina.

In effetti, devo ammettere che le fitte della ferita sembrano più lievi quando Martina è accanto a me. Essere madre sarà meraviglioso e impegnativo, lo so. Ma non mi preoccupa, sono pronta per questo.

Quello che mi preoccupa veramente è come gestire suo padre! Enrico è praticamente impazzito di gioia, in un modo che non potevamo prevedere, nessuno dei due. Mi fa una tenerezza infinita, mentre osserva con occhi innamorati la culla ripiena di noi.

«Chi l'avrebbe mai detto che saremmo arrivati a questo punto, insieme?» mi ha sussurrato.

Be', di sicuro io sì. Quando, un lontano giorno di qualche anno fa, salì sulla mia auto – con l'aria un po' schifata, adesso che ci penso bene – e lo accompagnai a casa, capii subito che quest'uomo era potenzialmente «pericoloso» per me. Così sicuro di sé, eppure dolce, premuroso; intelligente, divertente... e poi anche affascinante.

Sarà per tutto questo che quella di darsi un passaggio divenne subito una piacevole consuetudine... sarà perché in auto, a parlare, ci restavamo ogni giorno qualche minuto di più... o forse sarà che dopo un po' che parlava, io mi scoprivo a fissargli le labbra carnose sperando che avrebbero smesso di raccontare per baciare le mie.

A proposito: ho dovuto aspettare un bel po' prima che accadesse. Enrico parla tantissimo! E adesso è qui, senza parole, a fissare la nostra bambina. Da quando sono entrata in ospedale, non è riuscito più a staccarsi da questa camera, da questo letto, da questa culla. E oggi ha organizzato una festa di compleanno, per me e per sua madre, che è nata il mio stesso giorno. E meno male che Martina è venuta al mondo due giorni fa, altrimenti col minimo sforzo si sarebbe ricordato del compleanno di tutte e tre le donne della sua vita. Il solito fortunello...

12 febbraio, ore 21

Ah, che giornata! Sono stanchissima, ma felice. Mi guardo intorno e la mia stanza è strabordante di fiori, palloncini, regali, fiocchi, qualche avanzo di cibo e tanto affetto. Me ne hanno lasciato in grande quantità, sotto forma di una specie di nuvoletta che aleggia sopra le nostre teste, la mia, quella di Enrico e quella piccolina e delicata di Martina. C'erano proprio tutti e hanno trasformato la clinica in una specie di locale per feste; fortunatamente, qui sono molto tolleranti e gentili.

Anna, la neo-nonna festeggiata come me, era in gran forma; oserei dire raggiante. Si rimirava la nipotina e intanto diceva a tutti: «L'avete vista? Quant'è bellina!».

E poi, a me: «Quando fai il secondo?».

«Ehm... ecco... mi sembra un tantinello prematuro...»

«Ho capito, ma io sono vecchiarella. Se dovete farmi un altro nipote, vi dovete sbrigare!»

Quando parlo con la mamma di Enrico, mi pare di intuire da chi lui abbia preso la vena comica...

Mia madre, invece, ha optato per un approccio più tecnologico: armata di telefonino, ha fatto un intero reportage fotografico alla piccola. Temo che diventerà una di quelle nonne che molestano il prossimo con: «Vuoi vedere mia nipote? Qui sbadiglia; qui sta dormendo; qui ha aperto un occhio; qui lo ha richiuso». Chissà quanti amici perderà, così...

Il più figo di tutti è stato mio padre che, di fronte a quelli che si ammassavano per rimirare Martina da vicino, diceva con sicumera: «Prego, fate pure. Tanto poi ai giardinetti ce la porto io. Tutti i giorni».

È stato molto bello vedere le nostre famiglie e i nostri amici stringerci in un immenso abbraccio ideale, pronti a fare gli auguri ma soprattutto a dare il benvenuto alla mia bimba.

Il momento migliore, però, non me ne voglia nessuno, è stato quando finalmente ho potuto... addentare un panino al salame! Perché va bene, la gravidanza è un periodo delicato e allo stesso tempo difficile, gli ultimi mesi sono impegnativi, la pancia pesa, la schiena fa male, le gambe si gonfiano... ma la sofferenza vera, per me, è stata non poter mangiare i salumi. Ho passato serate intere sognando fette di prosciutto vellutate e profumose, ho avuto visioni di salamini in tutù che mi danzavano intorno come gli ippopotami di *Fantasia*, il film Disney... quando sono arrivata alle allucinazioni in cui le pareti erano come pizza bianca ripiena di mortazza, ho capito che era tempo che Martina nascesse.

E comunque è proprio vero: ci sono cose che hanno un sapore unico, che non hai mai sentito prima e che non riassaggerai mai più. È ciò che penso mentre addento il mio panino al salame e intanto guardo Enrico prendere in braccio nostra figlia.

13 febbraio 2017

Il giorno in cui lasceremo la clinica si avvicina, quindi le ostetriche ci stanno mostrando come fare le cose base per la bambina: il bagnetto, la poppata, il cambio di pannolino.

Osservo il mio compagno maneggiare quell'esserino che gli somiglia molto e quasi mi commuovo; me lo immaginavo molto più imbranato, impacciato, invece devo ammettere che se la cava bene. La tiene con una certa maestria, la passa da un braccio all'altro, è delicato ma sciolto nei movimenti.

E proprio mentre stiamo cambiando la piccola, una delle infermiere mi dice: «Signora, il parto l'ha resa più bella! Si vede che si è ripresa completamente. Ma, del resto, stava bene già all'uscita dalla sala operatoria!»

La osservo.

«Mmm... ma lei era di turno quel giorno? Non me la ricordo, ma magari l'anestesia... sa, la memoria è piuttosto annebbiata.»

«No, no, ha ragione. Io non c'ero. Però ho visto le foto su Facebook.»

«Di chi?»

«Ma le sue!»

«Le mie foto? Ma se io non ho postato nulla!»

«Intendevo le sue... sue!» e indica Enrico che, alle prese col borotalco e il pannolino, fa finta di niente.

«Enrico...»

«Sììììì?»

«Tu *non hai* postato foto del giorno del parto, *vero*?»

«Mmm... fammi pensare... mi pare di no.»

Lo guardo con diffidenza.

«Be', forse una. Ma non di più. Il resto sono video.»

«*Che cosa?* Video? Qui andiamo di male in peggio... passami il cellulare, per favore.»

«No, ma guarda che posso spiegarti tutto, eh...»

«Fidati, ci sono circostanze in cui è meglio tacere...»

Di colpo mi compare la foto incriminata. «Flora, stai calma» mi dico. «Guarda con oggettività.» Eh, ma c'è poco da essere oggettivi: mentre Enrico guarda estasiato l'involto che racchiude la piccola, io ho la faccia stravolta, due occhiaie che fanno paura, i capelli dove sembra ci abbiano appena litigato due gatti, le flebo attaccate e un colorito da itterica. Questa è l'immagine che, ovviamente, hanno ripreso tutti i giornali per dare la notizia della nascita di Martina.

Sto per saltare alla giugulare di Enrico quando mi viene in mente che questo potrebbe essere il male minore: chissà cos'altro è stato capace di pubblicare lui, l'antisocial per eccellenza, che non riesce a star dietro a Facebook, Twitter e simili, che ha un amministratore a gestire la sua pagina, che di volta in volta gli segnala le eventuali richieste dei fan.

Digito velocemente e controllo la pagina Facebook di Enrico. Resto senza parole: sull'immagine di copertina campeggia la scritta, tutta rosa, «Enricomincio da Martina», che parafrasa il titolo del suo ultimo spettacolo. Oltre alla mia foto oscena, ci sono almeno un paio di video; li guardo: sono delle dirette fatte da lui poco prima di entrare in sala parto. È visibilmente emozionato, gli occhi gli brillano; non c'è nulla di voyeuristico o di inopportuno in ciò che mostra e dice. È solo un artista che svela il proprio lato umano nel giorno più bello della sua vita a coloro che lo seguono, che cerca di renderli partecipi; lui, così geloso della sua privacy, non ha saputo contenere la felicità.

Ha ragione quello che diceva che la felicità va condivisa. Chi era poi? Non lo so, non è importante. Ma quello che vedo mi commuove fino alle lacrime. E mi scaldano il cuore i commenti di vicinanza, di congratulazioni, le migliaia di benedizioni che corrono via web e scendono sul capo di mia figlia. Enrico mi sta guardando con aria grave e preoccupata.

«Ho sbagliato, Flo? Non volevi, eh... scusami. Non avevo pensato che ti avrebbe fatto piangere tutto questo...»

«Amore, sei tu che mi devi scusare. Piccolo peccato di vanità, quello di condannare una foto. Quello che vedo e che leggo vale molto di più. Grazie. Mi sono commossa.»

Ed è così che finisce questa giornata: con noi due abbracciati, qualche fazzoletto stropicciato e la certezza, da parte mia, di aver scelto il padre migliore che una figlia possa desiderare.

14 febbraio 2017

Oggi, San Valentino, sono più innamorata che mai. Di ben due persone... Ed è anche il giorno in cui si torna a casa. È qualcosa che mi fa un po' paura, perché da qui in poi si fa sul serio. Se la piccola piange, non arriva l'ostetrica che la porta via e la calma; tocca a noi cercare di capire che problema ha e provvedere ai suoi bisogni. Per fortuna, siamo in due. Faremo un po' per uno...

Enrico continua a stupirmi. Lui, da sempre molto schivo, pare abbia non solo salutato dal balcone della clinica i paparazzi appostati da giorni, ma ha proprio fornito ora e giorno del nostro ritorno a casa: una specie di appuntamento con la stampa che, di solito, ha sempre evitato. Ha addirittura offerto loro da bere! Evidentemente, questa cosa della paternità gli provoca un entusiasmo troppo grande, che sente l'esigenza di condividere con più persone possibili.

A me questa nuova versione di Enrico, più estroverso e aperto, non dispiace; ricordo ancora quando, per non far sapere che eravamo una coppia, quasi dovevo chiudermi nel baule dell'auto... tutto perché «non voglio chiacchiericci inutili».

L'ho sempre compreso, ma era una posizione piuttosto scomoda, la mia. Specie quando l'auto era una Smart! A ogni modo, stavolta mi sono preparata: quanto meno, nelle foto avrò un'aria più salubre e meno sbattuta di quella *post partum*.

14 febbraio, ore 18

La casa è sempre la stessa, ma adesso che c'è lei sembra tutto diverso. Quando siamo arrivati, ad accoglierci c'era un pianerottolo pieno di palloncini rosa e striscioni con la scritta «Benvenuta Martina», sorpresa di Manuela e Michele, amici stretti, praticamente legati al cuore.

Appena abbiamo varcato la porta di casa, la bambina si è messa a piangere: panico. E adesso che si fa? Fame non può essere, ha mangiato da pochissimo. Il ruttino l'ha fatto. Dormiva così bene... poi, un odorino rivelatore ha svelato l'arcano: pannolino pieno. Avrei potuto cambiarla io, ma non ho resistito alla tentazione di sbirciare Enrico alle prese con la popò. Quindi l'ho lasciato fare. Non se l'è cavata male, se non fosse stato per: 1) il quasi conato che ha cercato di dissimulare quando ha aperto il pannolino e l'odore penetrante si è diffuso nel bagno; 2) mentre la lavava, quella svergognatella gli ha fatto la pipì su un braccio e ci ha fatto ridere un quarto d'ora; 3) Enrico sa richiudere il pannolino, ma rimettere la tutina alla figlia non è esattamente il suo forte. Il risultato è stato una bambina pulitissima, ma vestita al contrario, con le gambine infilate nelle maniche della tuta.

Prevedo mesi difficili all'orizzonte...

Dodici

Avere la nostra piccolina a casa è molto bello. Mi dà un senso di pienezza, di soddisfazione, di completezza. Tanto che, quando sono lontano, mi sento appunto incompleto. Anche andare a lavorare, per me che amo così tanto ciò che faccio, è diventato difficile, perché starei le ore a guardare quegli occhietti che roteano un po' scomposti, cercando di mettere a fuoco le immagini che arrivano dal mondo... quella linguetta sempre di fuori, che pare assaggiare l'aria... le manine in perpetuo movimento, che afferrano forme invisibili... Martina ha solo dieci giorni e io sono praticamente ipnotizzato da lei. Quando non sono in contemplazione, mentre è nella culla, giro per l'appartamento senza una meta precisa; se, in questo vagabondare, mi imbatto in Flora che allatta o che tiene in braccio la nostra ranocchietta, tutto quello che so fare è sorridere come un ebete e dire: «Bella di papà!».

Ripeto la parola «papà» molto spesso... forse perché lei non può ancora dirmelo, ma io ho bisogno di sentirmi il ruolo addosso. In fondo, sono un attore! Solo che stavolta, a fine giornata, non dismetto gli abiti del personaggio: questo è un ingaggio a vita!

E, a proposito di vita, la nostra – quella mia e di Flora – è cambiata parecchio. Ad esempio, abbiamo imparato ad andare sulle punte. Ce lo ha insegnato Martina. Non so come uno scricciolo di appena tre chili possa essersi rivelata una maestra così capace, ma la mia compagna e io zompettiamo per casa con una leggiadria che neanche Roberto Bolle nello *Schiaccianoci*. Certo, per antica esperienza di palcoscenico, avevo già assimilato l'arte di camminare sulle assi di legno senza produrre il minimo scricchiolio, felpando le falcate più ampie, procedendo a pel di suolo come se ci fossero i carboni ardenti. Un attore impara a farlo presto, fa parte della sua disciplina, del suo bagaglio tecnico, del suo codice deontologico. Agli attori, anche quelli che hanno i piedi di piombo, viene quasi spontaneo camminare coi piedi di feltro; peccato che, malgrado questo, a casa come mi muovo faccio rumore.

A volte sospetto che Flora mi segua e metta apposta la carrozzina dietro di me; ne sono quasi certo, perché magari sono in salotto e la bambina è lì, che dorme, allora mi allontano e vado in camera, apro l'armadio, prendo una felpa, lo richiudo, l'anta fa rumore e Martina comincia a piangere, nella carrozzina. Che, non so come, ora si trova accanto al letto.

Mo' può darsi che mi sbagli, fatto sta che la bambina la sveglio sempre io. Dovrei imparare dai macchinisti, che in teatro sono i più silenziosi di tutti: sono quegli artigiani del palcoscenico che riescono a montare e smontare cattedrali di legno e di ferro, a far muovere mastodontici oggetti di scena senza provocare il benché minimo fruscio. Magari si mandano a quel paese pesantemente, con epiteti che si estendono alla totalità dell'albero genealogico, magari tirano giù dal calendario sequele di santi con particolare attenzione alle tre persone divine, magari cadono, sudano, crepano, ma tutto in religiosissimo silenzio. A loro bastano gli occhi. Ecco, lo stesso silenzio che si può ascoltare in teatro, durante uno spettacolo, quando ancora non è successo niente, lo si può sentire a casa mia, nella vita di tutti i giorni, quando si fa o si dovrebbe fare tutto. Perché da quando c'è Martina quello che succede, ma proprio tutto tutto, accade in funzione di lei.

A parte il fatto di aver scambiato il giorno con la notte, a parte l'aver messo in riga me e sua madre come un caporal maggiore fa con le sue reclute, a parte averci dotato di borse oculari costanti che neanche una dose massiccia di fondotinta può mascherare – abbiamo persino pensato di farci tatuare «Louis» da una parte e «Vuitton» dall'altra, per renderle almeno chic – insomma, a parte tutto questo, siamo felici. Stanchi morti, soprattutto Flora, ma beatamente, incondizionatamente, incontrovertibilmente felici.

Se riesco a ricordare chi mi ha detto «i neonati mangiano e dormono tutto il giorno, state tranquilli», lo costringo a passare un weekend a casa mia. Il sonno è una cosa che per noi – e per la maggior parte dei genitori, ho scoperto – fa parte di un ricordo ormai remoto. Che poi, sonno... si può chiamare sonno quell'appisolarsi guardingo, quel quarto d'ora di letargo che tentiamo di rubare quando la piccola dittatrice si distrae e cede per una mezz'ora alla stanchezza? Quando questo accade, io e sua madre vorremmo fare una danza di ringraziamento a tutto l'universo, ma ovviamente ci guardiamo bene dal muoverci in casa, prima di tutto perché non ne avremmo la forza e poi perché la bambina deve dormire il più a lungo possibile e ogni rumore potrebbe essere fatale...

Martina è percettiva. Molto. Troppo. Basta l'intenzione di un movimento, basta l'ipotesi di un tonfo, basta un'idea di respiro o di una parola, anche di un pensiero per scatenare un'ondata di vibrazioni ultraviolette che scuotono le antennine supersensibili della mia little Wonder Woman.

Così, per non gravare troppo sugli uni e sugli altri, con Flora abbiamo elaborato un sistema di segni molto vicino alla comunicazione telepatica. Come due soldati alleati contro un nemico invisibile che può colpire da un momento all'altro, ci muoviamo lenti, come se fossimo costantemente sotto tiro, le parole anche sussurrate, anche soffiate sono bandite, sono concessi soltanto rapidi sguardi e impercettibili movimenti di pupille; laddove il concetto da esprimere fosse particolarmente articolato si può ricorrere al linguaggio gestuale, l'importante è che sia effettuato con la massima calma e lentezza.

Così ci comunichiamo ogni cosa, ogni sentimento, ogni esigenza... Flora, in questo modo, riesce anche a dirmi le parolacce. Un po' come i macchinisti di cui parlavo prima! Se non fosse per l'assenza di scafandri e tute, sembreremmo due cosmonauti a passeggio nello spazio, in procinto di intraprendere una missione delicatissima.

Ma casa nostra, pure se è spaziosa, non è lo spazio: non siamo in assenza di gravità e, se per caso urti un oggetto, magari non volendo, col gomito – quasi sempre il mio – quello cade, non fluttua dolcemente nel vuoto, nooo, si sfragna sul pavimento, e se pure non si rompe... fa rumore! E allora si rompe pure l'incanto silenzioso: Martina si sveglia e piange, Flora mi apostrofa – a voce alta, in questo caso – con parole chiare, precise, succinte e definitive, mentre appronta con le dita il capezzolo consolatorio. E io rimango lì, con i miei sensi di colpa e di inadeguatezza.

Che fare? Bisogna adattarsi. E siccome le esigenze della bimba sono irriducibili, bisogna che noi genitori ci comportiamo di conseguenza. Se devi fare qualcosa, qualsiasi cosa, devi farla di notte, quando sta sveglia, o in quei momenti della giornata in cui non dorme. Come i servitori del Marchese del Grillo. Pure lui viveva di notte e dormiva a giorno fatto, esattamente come Martina. Tant'è che Flora dà l'annuncio: «S'è svejata», e allora in casa può cominciare una normale attività, oppure sussurra: «S'è addormìta», e tutti ritornano all'apnea silenziosa.

In tutto questo, io sto un po' in disparte e ho modo di sentire, di osservare, di comprendere. Se c'è una cosa che ho capito della paternità è che il padre per eccellenza è proprio san Giuseppe. Mi spiego meglio: Martina non è stata concepita per opera dello Spirito Santo, è sicuramente mia (e i piedi lo dimostrano, anche senza fare la prova del DNA); però, san Giuseppe è l'esempio di come un uomo debba stare accanto alla sua donna, proteggerla, difenderla, starle vicino nel giorno del parto, accogliere tra le braccia la nuova vita, prometterle dedizione e amore per tutta l'esistenza. Giuseppe accetta la limitatezza del ruolo del padre: questo, secondo me, è il senso ultimo della storia di colui che è stato definito il padre putativo. Sa che la funzione di padre è frutto di un'evoluzione culturale più che biologica: un padre non partorisce, non allatta, non stabilisce col neonato quel contatto misterioso che lo lega alla madre, né il canale trascendente verso la dimensione divina, l'Amore universale incondizionato. Non ha un cordone ombelicale da recidere, semmai ha un legame da costruire. Che non è scontato, o così naturale. Giuseppe sa che essere padre è una conquista progressiva, che lo si diventa giorno per giorno, carezza dopo carezza, abbraccio dopo abbraccio, esempio dopo esempio, errore dopo errore. Io sono ben lontano dal sentirmi santo come Giuseppe, ma attraverso di lui mi sembra di avvicinarmi a sentirmi veramente padre.

A volte vorrei provare a sentirmi come si sente Flora. Lei sì che è madre. Lo è dal primo istante, senza che nessuno glielo abbia insegnato, senza un corso di laurea, senza nessuna specializzazione. Lei sa, e basta. Possiede una sapienza di madre che le è stata infusa dalla nascita, ce l'ha impressa nella matrice stessa di essere umano nato donna. È qualcosa che non ha nulla a che fare con l'intuizione o con la pratica: io posso imparare a cullare mia figlia, a cambiarla, a pulirla, a farla addormentare, posso addirittura imparare a interpretare tutti quei piccoli e grandi segnali che trasmette, a capire cosa vuole e cosa non vuole. La differenza con Flora è che lei tutto questo lo sa e l'ha saputo subito, non deve imparare come me. Magari l'ha dovuto scoprire, come se essere madre fosse un tesoro che sapeva di possedere da qualche parte, un file già salvato in memoria, che andava solo aperto.

La traduzione di tutti questi miei pensieri credo sia ad esempio un episodio, anche banale, di due giorni fa. Martina piangeva. Lo faceva in modo inconsolabile, non c'era verso di calmarla. Eravamo quasi nel panico. Io mi lamentavo: «Ma perché non è come con gli elettrodomestici? Anche se non li hai mai avuti, basta leggere il libretto di istruzioni e sai come si usano. Oppure, se ci sono anomalie nel funzionamento, si portano dall'assistenza e se la vedono loro. I bambini no. Peccato, perché Martina, a soli dieci giorni, sarebbe ancora in garanzia!».

«Enrico, ma che dici? Invece di blaterare, aiutami a cambiarla.»

Così siamo andati al fasciatoio. Flora ha spogliato Martina. Completamente. L'ha rinfrescata tutta e poi, prima di rivestirla, ha preso d'istinto l'asciugacapelli e le ha rivolto addosso il getto d'aria calda, ovviamente alla giusta distanza perché non la scottasse. Mia figlia ha smesso di agitarsi in quel preciso istante; ha assunto un'aria beata, come quando d'estate fa caldissimo e una ventata di aria fresca ti sorprende all'improvviso regalandoti un insperato sollievo.

Ho guardato la mia compagna, ammirato: «E questo come lo sapevi?».

«Non lo sapevo. Ho fatto un tentativo.»

Ecco. È questo quello che intendevo quando ho scritto che sembra che lei sappia già tutto. A me non sarebbe venuto mai in mente, neanche avendo mesi di tempo a disposizione. Avrei continuato a sbatacchiare la bambina, a cambiarle posizione, a tentare di farla mangiare... insomma, mi sarei mosso su un territorio conosciuto. Oppure avrei chiamato mia madre, disperato, per chiederle: «Come devo fare?». E lei, lo so già, mi avrebbe risposto: «Lasciala piangere. Si stancherà e smetterà». Altra mentalità, altri tempi. Ma sapienza molto simile. Un po' hitleriana, ma simile.

A quel punto, ho capito. Ho capito che per essere padre non c'è nulla da dover insegnare, ma tutto da dover imparare... Io, per ora, in onore a Martina, ho imparato a camminare sulle punte. Peccato che non abbia l'età di Billy Elliot.

Tredici

Al quindicesimo giorno di mancato sonno, Flora e io stiamo per cedere. Gli effetti dell'insonnia sono molteplici, una progressiva alterazione dello stato psicofisico, funzioni vitali e biologiche quasi azzerate, allucinazioni visive e soprattutto sonore: ronzii, fruscii e le classiche voci.

Io sento, ed è un incubo, la voce del mio amico Gabriele Cirilli che urla: «Macbeth ha ucciso il sonno! Macbeth non dormirà più!». Ed è un'allucinazione vera, perché il fatto che Cirilli si metta a fare il Macbeth è assurdo quasi quanto il fatto che io possa fare lady Macbeth.

Anche Flora sente le voci, ma non come Giovanna d'Arco, piuttosto sente quella di Martina che piange: ha cominciato a sentirla pure quando non piange.

Un problema. Non sappiamo che fare, siamo impotenti, disperati, stravolti, tempia contro tempia a guardare quelle gambette che scalciano nervose in risposta al dolore che viene dal suo piccolo pancino. Due adulti messi in scacco da un esserino che non arriva a quattro chili.

Sì, la gioia è tanta e ogni giorno che passa non si esaurisce, anzi si accresce. Però, se continua così, non vivremo abbastanza per goderne.

In uno dei rari momenti in cui Martina sta riposando, io e Flora non riusciamo neanche a parlare, anche le labbra sono esauste e la voce è ridotta a un lamento fievole; ci guardiamo stremati: gli occhi di Flora implorano: «Salvami da tutto questo». I miei rispondono: «Eh, 'na parola!».

Poi mi cade l'occhio su un bigliettino che ci avevano dato mentre Flora era incinta, quando eravamo ancora ingenui e inconsapevoli, sebbene la piccola già ballasse il rock'n'roll acrobatico nella pancia della mamma.

Ancora lo ricordo: una collega attrice, ospite insieme a me di un programma televisivo, madre di una bambina di un anno e mezzo, appena ha capito che né io né Flo avevamo la minima idea di cosa ci aspettasse, mi ha messo questo bigliettino in mano, con fare quasi losco: «Non perderlo. Ti servirà!».

Io non potevo sapere allora quanto avesse ragione! E adesso quel bigliettino è di nuovo nelle mie mani... Prendo fiato, cerco di articolare al meglio le parole ma riesco a produrre un biascicato: «Flo! Ho la soluzione!».

La mia compagna mi fissa con pietosa commiserazione, come se pensasse: «Poverino, non ce l'ha fatta... questo è stato il colpo di grazia, ha perso la sanità mentale... se mai ce l'ha avuta!».

Allora, con un residuo di vigore che solo nei momenti di disperazione somma riesco a produrre, le spiego: «Questo è il numero di una puericultrice. Lei è esperta... è come il centro di assistenza degli elettrodomestici, è la traduttrice simultanea dei bisogni dei bambini... dobbiamo capire se le colichette si possono evitare, no? O almeno, se ci sono dei barbatrucchi che ci consentano di chiudere occhio due-tre ore a notte!».

Lei, contagiata dal mio improvviso scatto vitale risponde: «Enry... qualunque cosa, tentiamola. Ieri mattina ho messo il biberon a scaldare, mi sono addormentata in piedi mentre aspettavo... mi sono risvegliata di soprassalto, credevo di aver bruciato tutto. Invece mi sono accorta che non l'avevo neanche acceso. Ma si può andare avanti così?».

E cadiamo sul divano «come l'uom cui sonno piglia», ma è solo per metafora. Mi si stringe il cuore al pensiero di Flora semiaddormentata ai fornelli... anche perché non gliel'ho detto, ma a me è successo anche di peggio: preparando il latte a mia figlia, contavo i misurini. Ho scoperto che funzionano come le pecore. Mi si chiudevano gli occhi e invece di due misurini devo averne messo qualcuno in più. Me ne sono accorto perché il latte è venuto fuori così denso che Martina, per ciucciarlo, è diventata fucsia. «No. Così non si può andare avanti.»

Dopo aver guardato inermi il bigliettino salvifico per un tempo indefinito, io mi produco in un colpo di reni, mi alzo, barcollo, afferro deciso il telefono, compongo il numero e chiamo la nostra speranza. La signora, gentilissima, ci dà appuntamento al giorno successivo.

«Evviva!» gridiamo in coro.

E Martina: «*Ueeeeeee! Ueeeeeee!*» ricomincia a piangere disperata.

Cerchiamo di calmarla con le ultime forze. Decidiamo di dormire alternati, a turni di un'ora ciascuno per arrivare all'indomani minimamente presentabili. Il risultato è che ci addormentiamo insieme sul divano e ci svegliamo all'unisono a notte fonda, io col segno del telecomando stampato sulla guancia, Flora coi bottoni del cuscino stampati sulla fronte.

La puericultrice, la signora Franca, arriva puntualissima: è una signora precisa, dall'aspetto rassicurante ma i modi fermi. D'altro canto, con un nome così, non poteva che essere integerrima, marziale; a noi, poi, sembra un miraggio, la salvezza a portata di mano... E, a proposito di mani, le muove con destrezza, come un prestigiatore; salde, sicure e al tempo stesso delicatissime con la bambina. Appena le porgiamo Martina, infatti, la prende, la gira, la rivolta... sembra una majorette che rotea il bastone, con una maestria e una rapidità impressionanti. Le tasta anche il pancino.

Noi siamo speranzosi: «Allora? Per le colichette che si può fare?».

«Niente.»

Lo sconforto ci pervade. Ma come niente?

«I bambini, quando sono così piccoli, sono come un elettrodomestico...»

«Lo vedi? Lo dicevo io! Lo sa che usiamo la stessa metafora?» faccio io.

«Falla finire!» mi redarguisce Flora.

«... dicevo, sono come un elettrodomestico che mette in uso i propri accessori, un po' per volta. Ora è il turno dell'intestino: è nuovo nuovo, deve imparare la sua funzionalità. E purtroppo è un pochino doloroso. Ma al terzo mese, di norma, le colichette svaniscono.»

Al terzo mese? E chi ci arriva vivo, al terzo mese?

«Certo, ci sono dei piccoli accorgimenti da prendere... ad esempio, il biberon. Quale utilizzate?»

Flora le mostra la bottiglietta.

«Eh no, non va bene! Ci vuole quello con la tettarella che ha una speciale valvola, in modo da ridurre l'afflusso di aria durante la poppata.»

«Abbiamo anche quello!» dice Flora trionfante. «Vede? Eccolo qua.» E le fa vedere la seconda bottiglietta, che alterniamo alla prima.

«Eh no, non va bene. Questo modello lo conosco, ha sempre dato problemi. Tranquilli, ora vi scrivo quale dovete comprare.»

Un pochino mortificati dalla nostra ignoranza in materia, ringraziamo e ci accingiamo a salutarla, ma lei non ha intenzione di andarsene, anzi, posa il borsone e si siede. A quel punto, ci guardiamo e ci sediamo anche noi.

«Dunque... ogni quanto le fate il bagnetto?»

Questa la so e rispondo io: «Quasi ogni giorno. Qualche volta, un giorno sì e uno no».

«Eh no, non va bene. Il bagnetto va fatto tutti i giorni perché è il suo momento di relax. Piuttosto... mi fareste vedere come la lavate?»

Un po' titubanti annuiamo.

«Chi vuole lavarla?» ci chiede.

Io, vigliaccamente, mi comporto come a scuola, quando la professoressa chiedeva se c'erano volontari per l'interrogazione: distolgo lo sguardo, mi nascondo dietro Flora, fisso il pavimento che improvvisamente è diventato interessantissimo.

Sì, perché sono in soggezione e ho capito che non sappiamo fare proprio niente. Flora, da sempre la più coraggiosa tra noi due, si immola per la causa. Ovviamente, anche il modo in cui la lavava era totalmente sbagliato, secondo la nostra guru.

«Che crema le mettete, una volta asciutta?»

«Questa...» bisbiglia Flo, un po' incerta.

«Eh no...» inizia la puericultrice.

«... Non va bene!» la precediamo noi.

«Vedete, c'è questo olio che è molto più indicato.»

Annotiamo tutto, prendiamo appunti, io faccio persino filmati. Ormai, non più spinto unicamente dal benessere di mia figlia – che, per carità, mi sta fortemente a cuore – ma soprattutto dal fatto che la signora ha preannunciato che tornerà a vedere come procede. Un modo velato per dire che ci tiene d'occhio e che la prossima volta ci interrogherà: e non possiamo certo farci trovare impreparati!

Il pomeriggio si è rivelato molto impegnativo, ma la puericultrice sta per andarsene. Sulla porta, si ferma e ci dice: «Un'ultima cosa: i bambini sono molto sensibili ai "rumori bianchi", ovvero quei rumori costanti e non invadenti, che hanno il potere di annullare tutti i suoni troppo bruschi, cosicché il cervello non li nota più, si rilassa e permette al soggetto di addormentarsi. Sono i suoni come la pioggia, il crepitio del fuoco, lo sciabordio del mare, ma anche l'aspirapolvere acceso. Ci sono delle app. Scaricatele e fatele sentire a Martina: vedrete che si addormenterà più facilmente». Poi se ne va.

Questa figura a metà tra Mary Poppins e un soldato della Gestapo che fa l'*Inspektion*, l'ispezione, trovando che nulla fosse fatto come avrebbe dovuto, ci ha effettivamente dato tutta una serie di consigli utilissimi per aiutare la bambina e, di conseguenza, anche noi. La signora Franca è inesorabile e spietata con noi genitori tanto quanto dolce e amorevole con Martina.

Mi muovo subito: esco a comprare tutti i prodotti che ci ha indicato la puericultrice, pago una cifra talmente alta che il farmacista mi saluta con un sorriso enorme e mi fa salutare anche dal figlio. Immagino che gli abbia detto: «Saluta il signore, Giovanni, perché è grazie a lui che potrò pagarti l'università».

Poi torno a casa e Flora è tutta contenta perché è riuscita a trovare e scaricare l'app dei rumori bianchi.

«Dài, facciamo mangiare Martina e poi vediamo se funziona!»

Mia figlia, si vede già da questi primi giorni, ha un appetito eccellente. E, soprattutto, ciuccia con una foga incredibile. Chissà da chi avrà preso! Sì, lo so che ha preso da me. Stavo solo scherzando.

Comunque, a fine pasto c'è una specie di rito a cui tengo molto: il momento del ruttino. Sì, perché quello è una mia precisa responsabilità. E Martina, da questo punto di vista, mi dà grandissime soddisfazioni. *Aaah.* Fa certi ruttini che in confronto un camionista tedesco all'Oktoberfest sembra una ballerina classica. Dopo avermi spettinato con un rutto da guinness dei primati, è l'ora della nanna... o almeno lo speriamo.

«Chissà quale suono le piacerà di più... secondo te cosa concilia più il sonno? Il mare?»

«Mah, Flo, a me il suono del mare mi fa scappare la pipì.»

«Allora la pioggia?»

«Mmm. Pure.»

«Enry, ma non è che hai qualche problema di incontinenza?»

«Io no. Sei tu che con tutta quest'acqua solleciti... ma scusa, se invece mettessi il suono di un bel camino acceso? Quello sì. Mi dà l'idea della tranquillità, della montagna, fuori freddo e io al calduccio...»

«Ma lei tutte queste cose mica le sa!»

«La puericultrice però sì. Ha detto di provare, quindi prova col fuoco.»

Così, Flora abbassa le luci del soggiorno, setta l'app su «crepitio di focolare» e avvicina il telefono alla bambina, nella carrozzina. Noi la guardiamo apprensivi, seduti sul divano.

E qui il mio ricordo si esaurisce. Flo mi ha raccontato che il fuoco funziona. Con me. Pare infatti che io abbia cominciato a russare dopo tre minuti e mezzo mentre Martina, del tutto indifferente al rumore bianco, era bella sveglia e vigile... un vigile del fuoco...

L'unica cosa che ha funzionato con lei è stato il suono dell'aspirapolvere: vuoi vedere che mi diventa una fissata con la pulizia come mia madre?

Quattordici

Martina è con noi da un mese. Il mese più assurdo, scombussolante, incredibilmente felice di tutta la mia vita. Ho sempre preso in giro quegli amici, novelli genitori, che non facevano altro che parlare dei propri figli come delle piccole meraviglie, bellissime e geniali. Ora che sono padre continuo a non capirli: perché la creatura più bella e geniale e meravigliosa che mai sia apparsa al mondo è la mia.

La osservo, la passo in rassegna, che dorma o sia sveglia... e mi sembra di non aver visto niente di più perfetto durante tutta la mia esistenza: un piccolo e immenso miracolo, un'opera d'arte. Quel visino, che dalla nascita è già cambiato almeno due volte, assumendo nuove espressioni, testando il mondo che lo circonda, non lo ritrovo neanche nei puttini di Raffaello. Forse le sue coscette cicciottelle, quelle sì, sono simili agli affreschi del pittore urbinate... ma la boccuccia a cuore di mia figlia non è stata ancora immortalata da nessun pittore, nella sua dolcissima perfezione.

Pensate che stia esagerando? Pensate che l'entusiasmo di questa paternità mi abbia totalmente coinvolto, appassionato, in una parola... rincoglionito? Ebbene sì. Totalmente. Perdutamente. Una cosa però ve la prometto: non mi metterò a parlare di quello che mangia e, cosa ben peggiore, di ciò che restituisce alla natura.

Ricordo serate sane sane trascorse con amici che hanno figliato, che sul più bello, magari quando avevi davanti una mousse di cioccolato, se ne uscivano con un: «Non sai quanti pannolini cambio al giorno! Perché vedi, sono esserini piccoli, ma fanno tanta di quella pupù...»; e la moglie a dargli manforte: «È vero! Ieri poi si vede che il latte le aveva dato fastidio... ne ha fatta tantissima... ma era scura, sai? Ecco, proprio del colore...», e lo sguardo dei commensali si fissava sulla mousse, che restava lì intatta e sospetta. Buon appetito a tutti!

Insomma, i genitori dei neonati parlano delle loro funzioni fisiologiche sempre, ovunque, con un trasporto tale... come se fossero gli unici esseri al mondo dotati di un apparato digerente. Capisco che la cacca sia come una specie di attestazione di un buono stato di salute, so anche che è un simbolo di abbondanza e prosperità: noi teatranti per scambiarci buoni auspici ci diciamo appunto «merda», alludendo al tempo in cui se ce n'era molta significava che c'erano molti cavalli e quindi moltissimi spettatori. Capisco anche che, nei primi tre mesi, non è che i bambini comunichino molto altro, quindi è una delle poche cose che puoi raccontare. Se poi hai un bambino generoso, libero di esprimersi, insomma se non è stitico, ne parli anche con una certa soddisfazione.

Martina in questo è incredibile, già metodica e abitudinaria. Basta guardarla: si accomoda a quattro di bastoni nella culla, rilassa tutto il corpicino, si concentra, fa un broncetto e va che è una meraviglia.

Mia figlia imbottisce quotidianamente un numero incalcolabile di pannolini; Flora ha insistito, prima della sua nascita, affinché comprassimo una pattumiera speciale che, per così dire, impacchetta il pannolino usato e lo sigilla, e forma una palletta (fortunatamente) inodore. È una specie di budello di plastica che, una volta riempito, inanella i pannolini insieme come fossero perle di una stessa gigantesca collana. Ne fa un oggetto d'arte, diciamo così. E io sono l'artefice addetto alla creazione di questi gioielli di mer...avigliosa perizia. Sono soddisfazioni!

Da quando c'è Martina si esce ovviamente di meno, è inverno e fuori fa molto freddo. Però, per non chiudersi in casa e tentare di conservare almeno in parte le abitudini che avevamo prima dell'arrivo di questo minuscolo ciclone, ogni tanto, sua madre e io azzardiamo un pranzo fuori o anche solo una semplice passeggiata, magari al mattino.

Siamo perfettamente organizzati, premuniti, attrezzati... con due di tutto: due tutine, due canottierine, due paia di calzini, due bavaglini, due fascette per capelli... tutto quello che vi viene in mente raddoppiatelo, e se l'uscita si protrae per un tempo superiore alle due ore, triplicatelo.

Ricordo un pranzo a casa di amici: Flora e io eravamo in assetto da combattimento e stavo finendo di ripassare con lei la lista delle necessità, mentre nostra figlia ci guardava con sospetto, nel suo porta enfant.

«Ciucci. Tre.»

«Presi.»

«Copertina.»

«Presa.»

«Latte in polvere.»

«Preso.»

«Acqua per il latte, con residuo fisso al di sotto dei cinquanta milligrammi per litro.»

«Presa.»

«Occorrente per il cambio pannolino.»

«Preso.»

«Cappellino di lana.»

«Preso. Mi sembra tutto...»

«E te lo credo, Flo! A casa ce so' rimaste solo le pareti!»

A seguire vestizione per l'esterno: sebbene fuori l'aria si fosse addolcita un pochino, mia figlia è stata vestita con una tuta superimbottita che la faceva sembrare l'omino Michelin.

La bimba è stata poi depositata nella carrozzina; anche noi ci siamo infilati i cappotti incollandoci n. 3 borse, tutte piene solo di roba per Martina, e una pianta, un pensiero per i nostri amici.

Eravamo sul pianerottolo, stavo girando la chiave nella toppa per chiudere, quando mia figlia, la carne della mia carne, l'essere al mondo che amo al di sopra di ogni altra cosa, ha cominciato a diventare arancione facendo una faccia inequivocabile: *nooo!* Io e sua madre abbiamo detto all'unisono: «La cacca!». Proprio adesso? Qui? Ma perché non hai aspettato che arrivassimo dai nostri ospiti? O, meglio: perché non l'hai fatta prima? Sarebbero bastati cinque minuti, magari mentre stavamo ripassando la lista delle necessità.

E se lo guardi negli occhi, questo fagottello accaldato sostiene il tuo sguardo in modo spudorato, con l'espressione di chi ti sta dicendo: «Ahò, che vuoi da me? Questa è natura, sa'!».

A quel punto, non hai che da rientrare in casa, buttare in un angolo le borse, rispogliarti tu, rispogliare lei, cambiare la pianta e posare la bimba... cioè, no, il contrario, posare la pianta e cambiare la bimba, lavarla, rivestirla e ripartire, nella speranza che nel frattempo non ne faccia ancora. Cosa che comunque è successa. Senza che lei mostrasse il benché minimo rimorso. O, che so, un po' di vergogna.

Ecco, la vergogna. Altra cosa che mi affascina moltissimo di mia figlia e, in generale, del mondo dei bambini. Non ci avevo mai pensato prima, ma tutto ciò per cui da grandi ci vergogniamo, ai bambini è concesso. Anzi, sottolineiamo quello che fanno e che socialmente censureremo qualche anno più tardi, lo celebriamo, come fosse una festa, una conquista. Prendiamo il ruttino. Se un adulto rutta a tavola e non è un asiatico, è solo un maleducato. Se poi uno che rutta a tavola è asiatico, per noi occidentali rimane maleducato uguale. Se un neonato non fa il ruttino, invece, tutti sono in apprensione: «Non avrà digerito bene... e adesso come facciamo? Dagli delle pacche sulla schiena... così... più forti! L'ha fatto? Ancora no? Allora insisti... menagli di più!».

Questi poveri ragazzini vengono sbatacchiati e pistati di botte fino a che, quasi per disperazione, producono il sospirato rumore. E quando finalmente arriva il tanto atteso *burp* – che dopo tanto scotimento ha la violenza di uno tsunami e rigira pure il parrucchino dello zio che è venuto a fare le sue felicitazioni per il lieto evento – sono tutti più sereni, soddisfatti. «Tutta salute! Bravo, bello di zio! Mi si è arricciato il toupet, ma non importa, zio se lo ricompra. L'importante è che hai fatto il ruttino.»

E lo stesso vale per le puzzette. I bambini piccoli sono autorizzati a farle sempre e comunque, senza il minimo riguardo per chi hanno davanti. Ogni tanto immagino la regina Elisabetta II, bisnonna del piccolo George, che lo culla e, al peto birichino del pargolo reale, reagisce con un sorriso bonario: lei, la depositaria dell'etichetta e del bon ton! Eppure scommetto che le cose vadano così, a Buckingham Palace. E vanno così pure a casa mia. Se poi mia figlia ha qualche colichetta, a ogni puzzetta che si lascia sfuggire, tutti gli astanti fanno seguire un: «Bene! Brava! Così ti passa... su, amore, fanne ancora!». A quale persona adulta è concesso altrettanto? E non solo al cospetto di una regina, ma anche a casa propria. Per esempio, una volta, avrò avuto ventitré-ventiquattro anni, portai a casa una ragazza che mi piaceva tanto. Il caso volle che quello stesso giorno fossero venuti a trovare i miei dei cugini con figlio di un annetto circa al seguito. Come accade alla maggioranza delle donne – pur con le dovute eccezioni – che, senza distinzione d'età, quando vedono un bambino piccolo impazziscono, anche quella ragazza si fiondò sul bimbo, cominciando a vezzeggiarlo, prendendolo in braccio e coccolandolo. Il piccolo la lasciava fare, anzi sembrava ricambiare cotanto affetto: le piantò la boccuccia bavosetta sulle labbra e lei sorrise; subito dopo le mise la mano sul seno e lei non fece una piega. A quel punto, la manina la ficcò proprio dentro la scollatura e lei, un po' imbarazzata, lo redarguì bonariamente, ridendo dell'intraprendenza del piccoletto. Poi, quel nanerottolo di massimo un anno mi guardò, con aria di sfida, come a dire: «A me queste cose le lascia fare. Tu puoi dire altrettanto?».

Io ricambiai lo sguardo truce, come a dire: «Me sa de no».

La sera stessa, quando la riaccompagnai in macchina, feci la prova: lo dovevo a me stesso e al poppante. Le saltai addosso, cercandole la bocca con la mia e piazzandole una mano sul seno. Non la prese bene. Eppure, ero esattamente come il bambino che aveva tenuto in braccio quel pomeriggio, solo un po' più grande. Glielo dissi, pure. Ma la mia tesi non trovò sostegno in lei, anzi, ora che ci ripenso non la rividi proprio più.

Guardo Martina dormire sul mio braccio. Libera, completamente rilassata, in totale assenza di preoccupazioni. Vorrei dirle, se solo potesse comprendere il senso delle mie parole: «Goditi questo momento, goditi il fatto che qualunque cosa tu faccia, o non faccia, verrai compresa, accolta, amata... Sappi che hai la possibilità di essere sfacciata, di fare cose che tra qualche anno saranno considerate imbarazzanti. Ora sei libera, davvero e del tutto, e quando crescerai, quando tutte le convenzioni e le convinzioni del mondo adulto avranno forgiato il tuo carattere, vorrei che ricordassi che tuo padre ama, ha amato e amerà tutto di te».

Lei apre gli occhi, mi guarda e sorride. Flora è accanto a me sul divano, dorme profondamente e non oso svegliarla. È un momento perfetto. La mia piccola continua a sorridere beata e io mi sento bene come fossimo una cosa sola. Ecco che aggrotta la fronte, si concentra, si sforza... e vai, si ricomincia. Ma va bene, anche questo è perfetto così!

Quindici

Dal giorno in cui è arrivata, Martina non ha solo cambiato la vita mia e di sua madre, ma anche il mio modo di pensare e di agire. Me ne accorgo ogni giorno che passa: io sono un uomo diverso.

Un esempio per tutti: la mia mania dell'ordine. C'è sempre, per carità. Che poi, mania... è che non capisco perché, se ogni cosa in casa ha il suo posto, non debba trovarcivicisi... trovarvicinisi... vabbe', non capisco perché non sta là. E questa mia convinzione viene presa abbondantemente in giro da Flora e da coloro che mi circondano e che mi etichettano come «maniaco dell'ordine e della pulizia».

A ogni modo, anche questa mia peculiarità, da quando è arrivata mia figlia, si è dovuta, per così dire, ridimensionare. La mia fissazione è stata messa all'angolo, circondata in una lotta impari da una quantità smodata di oggetti acquistati e/o regalati alla mia pargola. A parte quelli davvero necessari, che sono pochissimi, stiamo accumulando cose sulla cui utilità mi sorge persino qualche dubbio. Come suppongo accada al novantanove per cento dei genitori, per altro.

Certo, purché sia il primo figlio. Al secondo diventi esperto, non ti fai abbindolare da pubblicità o da venditori che magnificano le prestazioni della carrozzina ultramegasuperammortizzata: «Con questa ci può fare pure la Parigi-Dakar».

«Ma te pare che porto mia figlia a fare un rally? No, non mi serve!»

E Flora: «... Ma ce l'avrebbe in color ecrù?».

E, da neogenitore, ci caschi. Compri. O, se non compri tu, c'è tuo fratello, tua cugina, tua madre, insomma qualcuno che si fa abbindolare per te e che fa acquisti pazzi per la sua prima nipote. E la casa si riempie. Improvvisamente ti senti come uno di quei tizi del programma *Sepolti in casa*, che racconta la storia di persone affette dal disturbo da accumulo compulsivo. Per carità, quelle sono persone malate per cui provo molta pena. Ma un po' di pena la provo pure per me, che ormai non sono più padrone di gestire lo spazio in casa mia.

Innanzitutto, in ogni dove è un tripudio di rosa. Non ho nulla contro il colore rosa, ma dopo una giornata in mezzo a trine, merletti e oggetti che vanno dal color cipria al fucsia fluo, avverto per reazione l'irrefrenabile impulso di uscire con gli amici e proporre una serata in birreria, come unica regola il rutto libero.

I bambini hanno bisogno di molte cose, lo capisco bene: carrozzina, passeggino, seggiolino per l'auto, borse, borsette, borsine... ma secondo me, amici e parenti – che ringrazio tutti – hanno esagerato un tantinello con i regali, nel nostro caso. Ci ritroviamo sette, e dico sette kit per fare l'orma del piede di Martina e incorniciarla: manco a un ricercato prenderebbero tante impronte digitali, in questura! Sono arrivati abitini da 0-3 mesi a 8 anni e mezzo. Lo so, fanno sempre comodo. Ma finché mia figlia non arriva a quell'età, io dove me li metto? Forse nel tentativo di ipnotizzarla e farla addormentare, ci hanno regalato tre carillon con apine che girano, di quelli da attaccare al lettino a cancelli.

Flora, poi, ha voluto preparare personalmente la cameretta di Martina: lettino, armadio e fasciatoio con orsacchiotti e fiocchi, abat-jour rosa, pupazzi che si illuminano, peluches come se piovesse... E ovviamente la bambina, fino almeno al compimento dell'anno di età, dormirà in camera con noi.

Papà di tutto il mondo, ditemi che per voi è lo stesso: siamo vittime del sistema! Sì, perché tanto poi si sa che siamo noi che dobbiamo smaltire tutti questi oggetti... noi, che dobbiamo prima montarli e poi smontarli, praticamente nuovi, per donarli a qualcun altro. Solo che questo qualcuno va battuto sul tempo: sì, perché appena si viene a sapere che aspetti un bambino le persone cominciano a fare regali piccoli e grandi. Allora il trucco è presentarsi per tempo a casa di un amico con una bella culla full optional, come ho fatto io.

«Enri'... grazie, ma io so' single!»

«E con questo? Cla', tu lascia fare... te la metti in garage... se fra un paio di anni ancora non hai trovato la ragazza, ci puoi sempre poggiare gli attrezzi. Poi c'ha le rotelle, vedi? È come un carrello, ma più elegante. Magari ci vai a fare la spesa!»

Se l'è bevuta, e così mi sono riuscito a liberare di uno degli ottocentocinquanta oggetti superflui che mi hanno invaso casa.

Sarà un lavoro lungo e faticoso... anche perché, quando hai un bimbo piccolo, vivi in funzione dei suoi ritmi: Flora e io ci diamo il cambio con Martina per permettere all'altro di fare la doccia! Figuriamoci se c'è il tempo di mettere a posto tutte le sue cose... e infatti ci inciampo continuamente.

Allora, si tentano mille trucchi per riuscire a badare alla bambina ma nel frattempo non annullarsi come esseri umani. Ieri mi sono illuso di aver scovato l'oggetto più utile del mondo, capace di intrattenere mia figlia mentre io facevo la barba: il porta enfant che si muove, dono benedetto di zio Michele. Si tratta di una specie di sdraio per bimbi che dondola da solo, grazie a un'automazione a più velocità. Martina sembrava apprezzare molto e più sorrideva, più aumentavo la velocità, come su una giostra. Lei si guardava intorno, probabilmente chiedendosi perché non avessimo tirato fuori quella diavoleria qualche settimana fa: si stava proprio divertendo e io finalmente avevo le braccia libere per spalmarmi un po' di schiuma da barba sulle guance. Ero arrivato a radermi sopra il labbro superiore quando mia figlia, evidentemente un po' troppo sollecitata, ha rigurgitato tutto il pranzo: altro che «ricottina»! Dopo tutto quello shakeramento, Martina ha prodotto direttamente del formaggio spalmabile. La faccia però, malgrado tutto, era estremamente soddisfatta, quindi ho deciso di continuare a utilizzare il porta enfant evitando però il livello di velocità «Vettel» per poter continuare a fare la barba anche in futuro con una certa facilità, tenendo mia figlia sotto controllo, nel bagno con me.

E, a proposito di bagno: signori uomini, abbiamo un ulteriore motivo per ribellarci. Già quando Flora e io siamo andati a vivere insieme le cose necessarie alla mia toletta quotidiana – che poi sono pochissime – sono state relegate su un unico ripiano del mobile, mentre lei fra trucchi, creme per il viso, per il corpo, profumi e tutto il resto si è presa ogni superficie libera... Ora, con l'arrivo di Martina, comincio a temere che mi si consegni un sacchetto con schiuma da barba, rasoio, spazzola, dentifricio e spazzolino e mi si chieda di espletare tutte le mie faccende per la cura della persona in cucina o, peggio, a casa di qualcun altro. No, perché passi il fasciatoio, ovviamente necessario... passi pure la pila di confezioni di pannolini (vista la frequenza e la quantità di bisognini di mia figlia, averne una cospicua scorta è inevitabile). Posso anche capire, di conseguenza, la necessità della cremina per il sederino. Ma vedo flaconi e flaconi colorati, con facce di bambini felici sull'etichetta, che contengono oli, profumi, bagnoschiuma, shampoo... che poi: shampoo? Ma c'ha due peli in testa! «L'ha detto la puericultrice.» E allora bisogna stare in silenzio e fare spazio sulla mensola.

Del resto, anche la mia piccola è pur sempre una donna. In miniatura, ma donna e, come tutte le donne, i prodotti di «bellezza» sono irrinunciabili. Ammetto poi che il momento del bagnetto è uno dei miei preferiti: è l'unica occasione, visto che fa ancora freddo per scoprirle le gambine con tutine scosciate, di vedere quelle coscette piene di piegoline di ciccia sguazzare nell'acqua.

Certo, bisogna stare sempre attenti... l'altro giorno, Flora l'ha messa prona nella sua vaschetta in una fase del «lavaggio». Abbiamo sentito un rumore strano, come uno schioccar di labbra: era Martina, che gustava la schiuma del suo bagno con aria schifata, senza per questo smettere di farlo. Roba da non credere... Poi, quando è avvolta nel suo minuscolo accappatoio dal cappuccio a forma di testina di papero, con tanto di becco, il cuore mi si stringe. Penso che sia davvero il mio paperotto, provo una tenerezza indicibile e anche il pensiero di dover suonare al vicino, con il mio sacchetto tra le mani, per chiedere di lavarmi i denti nel suo bagno mi sembra un'ipotesi accettabile. In fondo, del bagno non mi importa davvero.

Il mio unico, vero feudo a casa, di cui sono sempre stato il re incontrastato, era l'angolo del caffè, con la macchinetta, le cialde, zucchero bianco, zucchero di canna e dolcificante. Non erano tante cose... ma per descrivere questo mio piccolo regno ho usato, non a caso, il tempo imperfetto. La macchina del caffè è l'unica a non essere stata spostata; le cialde sono accatastate; «Che ci fai con tutti questi tipi di zucchero? Lascia solo il dolcificante, amore, così stai pure attento alla dieta». E, con rassegnazione, ho dovuto far posto al biberon, allo scaldabiberon, allo sterilizzatore per il ciuccio, alla tisana al finocchio, alla camomilla, alle gocce contro le colichette, alle vitamine.

Lo so, è normale e migliaia di padri prima di me – e altrettanti dopo – hanno subìto e accettato queste condizioni, per amore del bebè: non sarò io a fare eccezione. Ormai, ho abdicato su tutto. Persino l'automobile, che come ho già detto per me è sacra, è stata colonizzata da Martina: seggiolino; tasche portatutto attaccate dietro il sedile; tendine oscuranti sui vetri, con disegnini rosa. Solo all'adesivo «bimba a bordo» mi sono opposto con tutte le mie forze e, strano a dirsi, ho vinto.

Devo confessare che, per quanto ti preparino, per quanto abbia visto amici che ci sono già passati, non sei mai pronto a quello che ti aspetta con la paternità. E tutto sommato è anche un bene, perché altrimenti che gusto ci sarebbe? Qualcuno una volta ha detto che le donne sono madri da sempre, ancor prima di esserlo davvero, mentre padri ci si diventa. Pur rifuggendo dalle generalizzazioni, che reputo odiose, credo che in linea di massima sia vero.

Per i primi trentacinque anni della mia vita, i bambini li ho considerati semplicemente gente bassa con cui non avevo motivo di interagire; dopo, ho cominciato a desiderare uno di quei nanetti per casa, ma fino ad allora non ne subivo il fascino. Oggi, oltre a essere ovviamente rapito dalla mia piccolina, mi interesso anche a quelli degli altri. Ma il tuo mangia? Dorme? A quanti mesi ha cominciato a camminare? Ma lo svezzamento? Insomma, quei fagottini ora esercitano su di me un potere d'attrazione irresistibile.

Probabilmente accade perché in qualche modo il confronto aiuta nella gestione della mia, di bambina; ma credo anche che, semplicemente, si sia aperto davanti ai miei occhi un mondo che non conoscevo e che mi affascina, che è il principio della vita... è l'osservazione di come si forma un individuo, cresce e si crea una personalità solo in parte influenzata e plasmata dalla famiglia in cui è nato.

Non so se dall'esterno questo cambiamento si percepisca; so solo che ho sorpreso un mio collaboratore a «sniffarmi» il maglione perché «sa di buono, di borotalco e di bambino». Mi piace l'idea di portarmi l'odore, l'essenza di Martina in giro anche quando lei non è con me... è un modo per sentirne un po' meno la mancanza, anche se le sto lontano solo il tempo dedicato al lavoro. E quando, dopo lo spettacolo, torno a casa, non vedo l'ora di andare in camera per osservarla riposare.

Neanche il letto è più mio, ormai: come si può, alle due di notte, sdraiarsi svegliando Flora, che finalmente sta riposando un po', e magari inavvertitamente anche la piccolina? Mi aspetta il divano, ovviamente. Ma sapete cosa? Non me ne importa niente, perché nulla riempie di più i miei occhi e il mio cuore del vedere le mie donne che riposano tranquille, una vicino all'altra. Qualunque sacrificio o rinuncia sono accettabili, per loro.

A questo penso, mentre sto per addormentarmi in salotto. Con Martina è tutto nuovo, diverso e bellissimo... chissà come saranno le giornate al mare, questa estate, con lei. Le passeggiate in autunno, sul lungotevere... e il Natale, poi, sarà un'emozione incredibile. Avrà dieci mesi e mezzo: abbastanza da riuscire a scartare i regali, aiutata dalla mamma; magari sarà capace di dire qualche parola e, al cenone con i parenti, sarà bello vederla interagire con tutti quanti; probabilmente, sarà in quel periodo che muoverà i suoi primi passi... che toccherà tutto... che dovrò lasciare l'albero sguarnito fino a un'ottantina di centimetri da terra e addobbarlo da lì in su, in modo che le palle non siano alla sua portata... Oddio, e il mio amato presepe? Le statuine che colleziono da una vita? Il mulino con le pale che girano, il pozzo con la piccola carrucola che funziona davvero, il fabbro che, grazie all'automazione, batte con il martello sull'incudine... che ne sarà di loro? L'unica soluzione è lasciarli nella scatola, quest'anno. Ma che Natale è senza presepe? Queste sì che sono preoccupazioni per il futuro.

Ecco, mi è passato il sonno. Dalla camera da letto sento che Martina comincia a lamentarsi, fa qualche piccolo mugugno: in effetti, è quasi ora della poppata. Allora le preparo il biberon, faccio cenno a Flo che stanotte ci penso io e la prendo in braccio. Dopo la poppata, però, non la riporto in camera ma decido di tenerla accanto a me, nel divano letto; sazia e appagata com'è, sembra il piccolo Buddha.

Spengo la luce e provo a dormire insieme a mia figlia. Dopo pochi minuti, mi sveglia con dei versetti, come volesse parlarmi. Accendo la luce, convinto che sia sveglia, e invece mi sorprendo nel trovarla addormentata e, evidentemente, sognante. Chissà cosa sta vivendo, nel regno di Morfeo... chissà cosa sta dicendo... Rispengo la luce, la stringo a me con tenerezza e cerco di addormentarmi al suono della voce della mia bambina, che parla con gli angeli.

Sedici

In onore a Martina e in sostegno a Flora ho sospeso tutto ciò che non le riguardasse direttamente. Niente lavoro a parte il teatro, che mi rende indisponibile solo per qualche ora la sera. Per il resto, game over: «Signore e signori, siamo spiacenti per l'interruzione, dovuta a un problema tecnico o quasi: l'attore protagonista s'è reso conto che il protagonista non è lui ma sua figlia, pertanto il film ricomincerà non appena si saranno riassegnati i ruoli». Tanto, il film più bello della vita si gira a casa, con inquadratura fissa su Martina.

A volte, mentre la guardo – o farei meglio a scrivere che la contemplo – mi sorprendo a riflettere più profondamente su cose a cui, nel corso degli anni, ho pensato in modo forse più superficiale, convinto di avere le risposte in tasca. Ad esempio, mi interrogo sull'identità. Chi sono? Da ragazzino ero il figlio di Nino e Anna, i verdumai, gli erbivendoli, come dice la Crusca; i fruttaroli, come dicono a Roma. Per diventare Enrico Brignano, per affermare me stesso attraverso il conseguimento di ciò che volevo diventare, ho lavorato una vita, convinto che essere attore fosse il senso della mia identità. E sulla mia identità d'attore ho fondato il principio della maggior parte dei miei spettacoli, mi sono messo in scena, svelandomi volta per volta anche grazie ai miei personaggi, quasi che non avessi ragione di esistere se non avendo l'opportunità di esprimermi su un palcoscenico.

Ora, oltre all'«attore», sto scoprendo in me anche un altro: un padre, il padre di Martina. E non è un ruolo che sto interpretando: è proprio la mia essenza, che incarno oltre ogni ambizione, al di là di ogni senso. L'amore che Martina mi insegna trascende ogni vocazione scenica, ogni narcisismo, ogni vanità.

Mia figlia mi ha impallato rispetto a me stesso. In gergo teatrale, si usa il verbo «impallare» quando un attore viene coperto alla vista del pubblico da un collega o da un elemento di scena. La grandezza di un attore si misura anche dalla capacità di evitare questo inconveniente; non a caso, Vittorio Gassman non fu mai impallato e, da attore fiero, volle che questa frase fosse scritta sul suo epitaffio. Io stesso ho cercato per una vita di non subire l'impallo, reale o metaforico che fosse. La maggior parte delle volte ci sono riuscito, ma col tempo ho affinato l'arte del disimpallo: ovvero la tecnica di non farsi oscurare da nulla e da nessuno, anche quando sembra impossibile. Ora, per quanto Martina sia minuscola, io sono gioiosamente e autenticamente impallato da lei. Nella vita di ogni giorno e chissà, magari tra qualche tempo anche sulla scena. Non che auspichi per mia figlia un futuro da artista ma, se anche fosse, di fronte alle sue scelte potrò essere soltanto uno spettatore accorto e premuroso.

Il fatto è che questa bimba, solo con la sua presenza, riempie il palcoscenico del mio cuore, sgombrandolo di tutto il resto fino a renderlo superfluo. Dovrei passare questi giorni a gioire del mio stato, di questa parentesi della mia vita così piena, così meravigliosamente sfiancante. Eppure c'è un pensiero che allenta l'entusiasmo, un'ombra che scaccio quotidianamente per non cedere alla commozione, una nuvola troppo scura per un cielo troppo azzurro: il pensiero di mio padre, che non ha vissuto abbastanza per sapere di essere diventato nonno. Di quanto sarebbe stato felice a tenere la sua nipotina tra le braccia, di quanto avrebbe potuto sorridere. Perché quando mio padre sorrideva, e non accadeva tanto spesso, quando era contento di me e aveva voglia di dimostrarlo, be', quello era il più bel regalo che potesse farmi. Il sorriso di mio padre surclassava ogni boato del pubblico, superava ogni applauso a scena aperta e stracciava ogni mia altra ambizione. Non ricordo una volta in cui mi disse: «Bravo, Eri'... mi sei piaciuto».

Era di pochissime parole e coltivava un pudore assoluto dei sentimenti. Però quel sorriso totale, trasfigurante, incondizionato, che ogni tanto mi rivolgeva era la cosa che mi faceva percepire la sua approvazione, il suo orgoglio, valeva più di mille parole. Ed è quello che più mi manca di lui. Soprattutto adesso, perché sono sicuro che il sorriso più vero l'avrebbe regalato a Martina.

A volte provo a inventarmelo, come sarebbe stato Nino Brignano da nonno. Me lo figuro! Anzi me lo voglio proprio immaginare, mi aiuta a trasformare un pensiero buio in un raggio di sole. Ecco, sì, il sole... Papà spinge il passeggino nel giardino di casa: cammina con passo cauto, ma non perché sia stanco o perché gli facciano male le gambe. No. È che non vuole svegliare la bambina con qualche scossone improvviso. C'ha messo tanto per addormentarla, ha pure cantato! Pensa, mio padre ha cantato a Martina una ninna nanna siciliana e lei, come se la sua voce fosse stata un carillon celestiale, ha preso subito sonno. Si alza un refolo di vento e lui si ferma a controllare che la nipotina sia ben coperta e riparata, le sistema la trapuntina, gliela rimbocca delicatamente ai lati, ancora più dolcemente le sistema la fascetta un po' meglio sulla fronte... Gli tremano le dita... che poi, in una mano gliene sono rimaste solo tre... quelle mani grandi, segnate dal lavoro, da anni di mercati generali, di cassette di frutta scaricate, di fatica... ecco, quelle mani ruvide diventano più leggere della seta, sembrano quelle di un pianista virtuoso quando sfiora quel fagottino rosa.

Ogni volta è così, come se fosse un'operazione a cuore aperto. E forse non è neanche una metafora, perché effettivamente ha il cuore spalancato a un amore così diverso da quello che può aver sentito in tutta la sua vita: l'amore di un nonno, finalmente pieno e libero dalle preoccupazioni della paternità. Un nonno ha come unico scopo della propria vita viziare e vezzeggiare i nipoti, magari difendendoli dai castighi dei genitori; i nonni sono un porto sicuro, sono l'abbraccio più grande.

Ora mio padre si siede su una panchina, all'ombra di una quercia; sistema il passeggino vicino alle gambe e si mette lì, in contemplazione. Guarda come sorride, è innamorato pazzo di Martina, che nel frattempo s'è svegliata ma non piange, ricambia il sorriso e mentre con gli occhietti vaga su quel volto segnato dalle rughe, cerca con le manine di stringere il pollice del nonno. Chiacchierano a modo loro e chissà cosa si dicono... magari lui le sta raccontando qualche favola o qualche fatto che mi riguarda, qualche marachella di quand'ero piccolo. D'altronde ne ha tutto il diritto. Io mio padre l'ho raccontato in tutti i modi, ora tocca a lui narrare la sua versione, dal punto di vista di Nino. Ma non riesco a sentire, papà s'è avvicinato al passeggino e comincia a parlare sottovoce, e quello che dice a mia figlia io non lo saprò mai... e del resto è giusto così.

Mi ha fatto bene, questo sogno a occhi aperti. Mi ha sgombrato ogni residuo di malinconia che magari sarebbe sopraggiunta più tardi, visto che oggi c'è un pranzo coi nonni, ovvero mia madre e i genitori di Flora. Non vedere mio padre mi avrebbe intristito. E invece no, perché in qualche modo lui ha già avuto il suo momento intimo e pieno di tenerezza con sua nipote, almeno nei miei sogni.

Appena arriviamo al ristorante, troviamo i tre nonni già seduti a tavola, in trepidante attesa. Flora e io facciamo per abbracciare le nostre famiglie quando loro ci dribblano senza il minimo pudore, o almeno la parvenza di un qualche interesse, seppur blando, e puntano decisamente al passeggino.

Flora e io ci guardiamo, rassegnati; poi ci giriamo verso di loro, assiepati intorno a nostra figlia: gridolini, vocine stridule, smorfie... no, non da parte di Martina, ma da parte loro. Tre adulti, nel caso di mia madre anche attempatelli, che sembrano avere dei problemi ad articolare parole, a meno che non siano a novanta decibel.

Il più dignitoso, che ha cercato di trattenersi almeno per i primi trenta secondi, è stato mio suocero: lo conosco come un uomo taciturno, riflessivo. L'avrò sentito parlare non più di cinque volte da quando conosco Flora. Anzi, osservandolo mi era venuto spontaneo associarlo al mio, di papà: stessi silenzi, stessi sguardi anche un po' rassegnati. Tanto che avevo pensato: «Vuoi vedere che la *conditio sine qua non* per essere un buon padre è stare zitti? E io come faccio? Quella imperturbabilità non ce l'avrò mai... io con le parole ci campo!». Sono stati momenti duri, per me; poi sono arrivato alla conclusione che no, il silenzio non è una dote necessaria, anche se un po' di dubbio m'è rimasto. Comunque, anche mio suocero ha ceduto di fronte al sorriso di Martina. Pure troppo.

A un certo punto, la cosa si è fatta imbarazzante e li abbiamo dovuti richiamare all'ordine. Ci ha provato Flora per prima: «Scusate! Primo, ci siamo pure noi».

«Ah, sì, ciao a mamma. Cuccicuccicù! Amore della nonna lei...»

Allora ho fatto un tentativo io: «Ma', che dici, ti siedi a tavola?».

«Sì, ecco. Un attimo. Fammela guarda' un po', 'sta nipotina. Che se aspetto a te che me la porti a casa, figurati!»

E ti pareva? Sempre colpa mia. Mia madre si è segnata al dito la volta che sono passato a salutarla senza la piccola.

«Ciao ma'!»

«Sì, ciao. Dov'è Martina?»

«A casa, ma'.»

Delusione.

«Ah, non l'hai portata?»

«Eh, oggi fa freddo, è piccolina... ho preferito lasciarla a casa, al caldo.»

«No, certo, hai ragione. È delicata, se poi le prende il raffreddore sono dolori... però, magari, la prossima volta...»

«Senz'altro, mamma. Che me lo fai un caffè?»

«Sì, subito.» Pausa. «Comunque, sai, i bambini non li devi tenere troppo al caldo, sennò come escono si prendono qualcosa. Li devi abituare anche al fresco.»

«Va bene, lo dirò a Flora.»

«Oggi no, oggi c'è brutto tempo. Però, se quando torni...»

«... la porto, sì, mamma, lo faccio.»

«Bravo. Perché poi qui da me ci sono i termosifoni accesi, c'è il camino... non è che prende freddo, eh.»

«Lo so, mamma. Lo so. Ma il caffè?»

«Sì, ora vado. Ma prima parlami della bambina... avevo proprio voglia di vederla!»

«Ma va'? Non l'avrei mai detto.»

Inutile dire che il caffè me lo sono andato a prendere al bar, circa un'ora dopo aver fatto il resoconto di tutti i progressi di Martina a mia madre, che intanto velatamente mi rimproverava di non averla portata da lei, anche se «fa freddo, lo capisco».

Ma torniamo al ristorante: ci è ormai chiaro che, se non spostiamo l'oggetto di tanto interesse, i tre nonni ci ignoreranno tutto il tempo. È Flora che si alza, prende in braccio la bambina e viene a sedersi a tavola. Come tre orsetti attirati dal miele, i nostri genitori la seguono e finalmente siamo tutti seduti. Come il giorno in cui è nata, mentre noi ordiniamo il primo e cerchiamo di ipotizzare anche solo un inizio di conversazione, la mamma di Flo tira fuori il cellulare e comincia a fare una serie di scatti alla piccola che manco Richard Avedon con Marilyn Monroe.

«Ma', dài, prima mangiamo...»

«Ma stai scherzando? Senti, io c'ho le amiche che mi chiedono notizie di mia nipote, sono curiose, vogliono sapere e vedere quant'è cresciuta...»

E io: «Marile', ma non basta una foto? Le devi fare per forza ventisei foto a espressione?».

A questo punto, mi arriva una gomitata da Flo che mi sussurra: «Non ti lamentare... non la contraddire... ricordati che è la nostra unica salvezza quando ci servono due giorni di relax».

E mia suocera: «Tu non capisci! Solo un'altra tra noi amiche è diventata nonna e non fa altro che propinarci le foto della nipote. Bruttina, per altro».

«Mamma, dài, i bambini sono tutti belli!»

«Non è vero, solo che non si dice perché non è educazione. Ci sono anche bambini bruttarelli. Mia nipote invece non lo è, quindi la fotografo, almeno le mie amiche si rifanno un po' gli occhi.»

Di fronte a queste argomentazioni e, soprattutto, alla sua convinzione, la mia compagna si arrende, rassegnata. E dire che eravamo molto contenti di fare un pranzo con persone adulte, dopo giorni passati in casa alle prese con poppate e pannolini... finalmente, pensavamo di poter affrontare anche argomenti di attualità, o magari anche solo di rivangare i vecchi tempi... macché. L'argomento principale è sempre la nipote; anche se parlassimo della minaccia del nucleare, troverebbero il modo di ricondurre il ragionamento a Martina. Che è la luce dei nostri occhi, per carità: io ci sto scrivendo un libro! Però, ogni tanto sarebbe bello poter spaziare, ecco.

Fa un debole tentativo mia madre: «Eri', te lo ricordi zio Gianni, quello che abitava al paese? Quello che ti aveva portato una volta in campagna, da piccolo, e ti aveva fatto accarezzare un coniglietto?».

«E come, no?»

Lo ricordo davvero: era stato un giorno emozionante per me, un ottenne che viveva in città, sperimentare la vita contadina, a contatto con la natura, con gli animali... ancora ricordo quant'era soffice il manto di quel coniglietto! Lo zio Gianni lo avevo rivisto poche altre volte, ma sempre con molto piacere proprio grazie a quel ricordo così tenero. «Come sta, zio Gianni?»

«È morto.»

La forchetta, con gli spaghetti arrotolati, mi resta a mezz'asta; la notizia ferale era stata data da mia madre con la grazia, l'accortezza e la delicatezza di un trattore in un negozio di porcellane. Forse, era meglio se continuavamo a parlare di Martina... che, fortunatamente, si è svegliata e ha catalizzato l'attenzione di tutti.

Poi è partita la compilation delle somiglianze: «La bocca è di Enrico...».

«Ma che dici? Se è tutta Flora! Il nasino, forse...»

«I capelli ricci e scuri sono del padre, però.»

«Flo, l'espressione e gli occhi sembrano quelli di tuo fratello...»

«I piedini invece... eh, quelli, purtroppo, sono di Enrico. Povero amore di nonna... Si vedeva anche dall'ecografia!»

Niente. Questa storia dei piedi non avrà mai fine. Anche se devo ammettere che è vero, si vedevano nella morfologica, fatta quando Flora era al quinto mese: in quel groviglio di ombre e chiaroscuri, io personalmente ci capivo molto poco finché non mi hanno mostrato le immagini in 3D. E a quel punto mi sembrava incredibile, come un film di fantascienza: potevo vedere una specie di negativo di mia figlia e immaginare il suo volto era molto più semplice! Certo, le immagini non erano molto nitide... tranne una: il profilo del suo piedino, che si stagliava chiaro sullo sfondo nero. Una polpettina su cui troneggiava un alluce apparentemente troppo grande rispetto a tutto il resto.

Malgrado quello che dicono gli altri, io di quei piedini sono molto fiero. Innanzitutto, perché è una specie di segno di riconoscimento, un marchio di fabbrica. Diciamo che se anche avessi avuto qualche dubbio circa la paternità – ogni tanto con Flora scherziamo sull'argomento – l'esame del DNA sarebbe del tutto superfluo. Qualsiasi genetista toglierebbe i calzini alla bambina dicendo: «Signor Brignano, guardi qui: è indubitabilmente sua. Non ci faccia perdere tempo! Sono un genetista, devo genetisteggiare».

Inoltre, mi viene in mente il modo di dire anglosassone «*to be in someone's shoes*»: essere al posto di qualcuno, letteralmente «essere nelle scarpe di qualcun altro», quasi che le scarpe, e dunque i piedi, identifichino l'essenza di una persona. Nella medicina cinese, il piede parla di tutto il corpo; la sua pianta è un «riassunto» di un individuo, delle sue patologie, persino della sua personalità e della sua relazione col mondo esterno. I piedi sono la base su cui si appoggia tutto il corpo, sono le nostre radici, ciò che ci tiene ben piantati a terra. Sono le fondamenta, un sostegno solido. A ben vedere, sono la metafora di ciò che dovrebbe rappresentare un padre; io sono i piedi di mia figlia, che le permetteranno di muoversi, pur sostenendola e dandole stabilità. Passo dopo passo, anche quando mi sembrerà che si allontani da me, ciò che la terrà in equilibrio sarà quello che avrà imparato da suo padre, sarà il mio amore, i princìpi che sarò stato in grado di trasmetterle.

Penso a tutto questo mentre Martina sorride ai nonni che la vezzeggiano e sua madre la guarda con occhi pieni d'amore. E sorrido a mia volta, orgoglioso di quei piedini cicciottelli che scalciano l'aria, ignari di tutte queste riflessioni, con l'unica urgenza di annunciare al mondo la propria esistenza e la voglia di farsi strada verso il futuro.

Diciassette

Da qualche tempo ho capito che Martina mi riconosce; mi sorride in un modo particolare, sì, insomma, sento che sta nascendo quel legame che con la mamma ha fin dalla nascita, e la cosa mi rende felice come un ragazzino. È come se la mia voce e il mio volto le suscitassero una sensazione precisa, unica, come se pensasse: «Ecco, questo è papà!».

Chissà come mi vede e cosa pensa di me. Mi sembra di piacerle comunque, a giudicare dalle risate che le suscito, le uniche che mi pare abbiano veramente senso per me in questo frangente di vita. Poi vuole toccarmi. Ha capito che le manine possono essere usate per conoscere, e che le dita possono acchiappare cose e persone, e che le braccia possono essere usate per ampliare questa facoltà, e quindi allungate verso qualsiasi cosa. E questa cosa in particolare è la mia barba, il mio pizzetto. Chissà perché le interessa così tanto. Immagino che le sembri un oggetto capitato a caso sulla mia faccia, perché nel toccarla, anzi, nell'agguantarla, sembra quasi che me la voglia strappare dal viso, come se per lei fosse un posticcio, un travestimento, una cosa strana... una cosa che, per esempio, sul viso della mamma non c'è e non ci sarà mai, almeno spero... Magari sperimenta un primissimo evidenziarsi della differenza tra gli uomini e le donne.

Il livello di interazione con mia figlia cresce di giorno in giorno. Ultimamente per gioco, mentre stavamo sul letto, l'ho appoggiata sul mio ginocchio piegato. Lei ci si è aggrappata come fosse una montagna da scalare, una vetta da conquistare, non lo mollava più, era roba sua, una roba mai vista. Poi ha pensato bene, vista la forma, di provare ad addentarlo, anzi dovrei dire «gengivarlo», dal momento che sembra una dolcissima vecchietta sdentata. Ho cercato di allontanarle la bocca, anche perché mi faceva un discreto solletico, ma lei niente: evidentemente ha reputato il mio ginocchio saporito e si è accanita con la rotula, in particolare, mentre sua madre e io ridevamo come pazzi...

Mi diverte molto anche vederla scoprire sapori nuovi: un mondo di sensazioni, a volte soavi, a volte disgustose, che passano attraverso il gusto. Dopo il latte materno, che per lei sembra essere la cosa più buona di cui un essere umano potrà mai nutrirsi, ogni nuovo alimento è un'esperienza irripetibile. Che poi, se ve la devo dire tutta, questa sua passione per il latte materno non la capisco proprio... e lo dico con cognizione di causa, perché l'ho assaggiato.

Già mi sembra di sentirvi: «Che fai, togli il latte di bocca a tua figlia?».

Assolutamente no, anzi, a dire la verità ne avrei fatto volentieri a meno. È stato un incidente, Vostro Onore! La mia compagna produce parecchio latte ed è costretta a tirarlo. Io non lo sapevo, ma c'è questo affascinante attrezzo che si attacca alla cosa... alla zin... alla tet... sì, insomma, al seno (che, prima dell'arrivo di Martina, era oggetto dei desideri e adesso è il fast food di mia figlia, quindi non si tocca, e la cosa è un po' frustrante, ma non è di questo che stavo parlando)... Dicevo, c'è questo attrezzo che tira il latte, come le mungitrici automatiche con le mucche (e qui mi pare già di sentire il coppino di Flora tra capo e collo, insieme alle sue occhiatacce) e, una volta che è uscito, bianco, dalla densità apparentemente identica al latte vaccino, messo in una bottiglietta in frigo non si differenzia in nulla da quello della centrale. Be', in nulla tranne che nel sapore.

E infatti io, l'altro giorno, per sbaglio ci ho macchiato il caffè. Che poi, io manco lo macchio mai, il caffè! Chissà che m'ha detto la testa... almeno, l'avessi preso direttamente dalla fonte, avrei avuto una certa soddisfazione! Ma così... ho fatto boccacce per un quarto d'ora, mentre mia figlia mi guardava e rideva. Flora sostiene che ridesse per le boccacce; io sono più propenso a pensare che si stesse prendendo gioco di me.

Sintetizzerei la vicenda dicendo che questa mia «prima volta» col latte materno – prima volta che io ricordi, ovviamente – mi resterà impressa soprattutto per il sapore orrendo che ho assaggiato. Per contrastarlo, la mia memoria mi ha fatto un piacevolissimo scherzo: mi ha fatto ricordare l'approccio con la mia prima fettina panata, che è il mio piatto preferito, la mia madeleine.

Avevo quattro o cinque anni ed ero a casa di mia zia. Era primavera inoltrata e si pranzava fuori in giardino. C'era una tavolata lunghissima di grandi e accanto un tavolo un po' più piccolo dove stavamo noi bambini: io, mio fratello e i miei cuginetti. Faceva caldo e il verso delle prime cicale dai pini circostanti si confondeva col cicaleccio delle voci dei miei parenti. Dopo gli antipasti e il primo piatto, noi bambini facevamo fatica a starcene seduti a tavola tranquilli; a turno ci si alzava, si correva intorno ai tavoli o ci si nascondeva sotto, tra le gambe degli adulti, un intreccio di piedi e ginocchi e cosce di cui a fatica si riusciva a riconoscere i legittimi proprietari. Questo finché mio padre e mia madre non si accorgevano che nel nugolo di ragazzini c'eravamo anche mio fratello e io. A quel punto, bastava uno sguardo di uno qualsiasi dei due genitori; io, gli occhi dei miei, li ho sempre temuti tantissimo! Con la sola pupilla, mia madre era capace di dirmi: «Disgraziato, torna al tuo posto immediatamente e non provare più a muoverti dalla sedia perché sennò quant'è vero Iddio io ti ci lego finché non torniamo a casa. Poi, a casa sì che ti cionco e ti gonfio come una zampogna, maleducato che non sei altro, giuro che se non la pianti di correre ti do un cazzotto a ceppo sulla testa e ti blocco la crescita». Questo solo con una pupilla! A quel punto, mio padre completava il tacito discorso con un'occhiata fugace, che stava a significare: «E poi io ti do il resto».

E così, mentre gli altri giocavano agli indiani e si lanciavano le molliche di pane, mio fratello e io ci rimettevamo seduti immobili e, siccome per noi bambini il pasto era pressoché concluso, si trattava solo di passare il tempo in attesa delle sospirate pastarelle, incartate in un cabaret che stazionava prezioso in frigorifero.

A un certo punto, però, venni raggiunto da una fragranza nuova, un profumo di cose conosciute ma inesplorate allo stesso tempo. Era mia zia, che portava dalla cucina un vassoio babelico di quelle che avrei saputo dopo essere fettine panate, appena uscite dalla doratura della pentola d'olio extravergine. Sembravano sfrigolare ancora e spandevano tutt'attorno un clima d'allegria insieme al profumo. Come tutti i bambini, non amavo molto la carne, la mangiavo per dovere, e se il pollo arrosto con le patate si trasformava anche in piacere, questo non succedeva certo con la classica fettina. Ora, quella che brillava nel mio piatto come una pepita d'oro era una fettina a tutti gli effetti, tuttavia la croccantezza di cui si vestiva me la faceva sembrare più che appetibile. Ma non ero ancora dissuaso del tutto, la guardavo comunque con sospetto mentre mia mamma mi aiutava a tagliare a pezzetti la fettina panata ancora fumante.

Il primo boccone fu una rivelazione di bontà. Una sensazione di beatitudine del gusto, dalla consistenza al sapore, qualcosa di trasfigurante, da far trasformare il rumore di fondo in musica celestiale. Ne divorai qualcuna, forse tre – che per un bambino è una quantità notevole ma, nella mia famiglia, era considerato il minimo sindacale per un assaggio, altrimenti tanto valeva non mettercisi nemmeno, a tavola; per la prima volta, ero incurante dello spazio nello stomaco che di solito custodivo gelosamente per le pastarelle.

Da allora credo di aver mangiato interi allevamenti di bovini in forma panata alla ricerca della gioia di quel primo boccone, mai più completamente rivissuta. Sarà per questo, per ritrovare la magia di quella prima volta, che non mi fermo e continuo a divorare fettine panate, che restano il mio cibo preferito anche a cinquant'anni.

Chissà se Martina ricorderà questi primi sapori... Il primo approccio di mia figlia con il cibo, latte a parte, è stato con l'omogeneizzato di pera. All'inizio, sembrava piuttosto curiosa: osservava quella pappetta giallognola e, probabilmente, si chiedeva perché doversi sforzare a usare quella roba complicata che tutti chiamano «cucchiaio» quando basta una tetta e il gioco è fatto! «Guarda, mamma, senza mani!» potrebbe essere il suo motto. Mia figlia, con la sola potenza delle labbra, senza tenere la bottiglietta con le manine, ha un potere di risucchio con la tettarella che, se il biberon non fosse di plastica solida, lo accartoccerebbe. Ma lo svezzamento va fatto, se non altro per evitare che a diciotto anni esca con gli amici e, invece di una pizza, ordini una bottiglietta di latte coi biscottini sciolti dentro.

Eravamo tutti pronti col cellulare acceso in modalità video per immortalare il primo boccone del mio fagottino... Il cucchiaio si avvicina, lei apre la bocca con un po' di diffidenza, con uno sguardo tipo «se proprio dobbiamo farla, questa pantomima, facciamola!», assapora con la lingua la pappetta dolciastra e... fa un'espressione di un disgusto, ma un disgusto che Flora ha esclamato: «Guarda come ti somiglia! Sembri tu l'altro giorno, col mio latte».

Pera 0 – Martina 1. Almeno per quel giorno, perché l'indomani ci abbiamo riprovato e il ribrezzo era già più contenuto; dopo quattro giorni di omogeneizzato alla pera, mia figlia ormai lo centellina, da grande esperta; se lo gusta facendo schioccare la lingua; frigna quando è finito; se non stiamo attenti, si mette a leccare pure il barattolo.

Ecco, diciamo che la frutta le piace molto, ma è scritto nel DNA: visto che è nipote di fruttaroli, ci mancherebbe che snobbi proprio i prodotti che fanno parte della tradizione di famiglia! Incoraggiati da questa sua propensione, l'altro giorno le abbiamo fatto assaggiare un pezzetto di cocomero – che sarebbe l'anguria, per chi abita fuori dal Lazio. Ormai Martina ha capito che qualsiasi cosa le venga avvicinata alla bocca volontariamente da me o sua madre vale la pena assaggiarla, quindi ha deposto qualsiasi diffidenza e ha spalancato le fauci, fiduciosa. Flora le ha passato lo spicchio sulle labbra e lei ci ha sfregato la linguetta; poi ha cominciato a succhiarne il nettare zuccherino; è finita che sua madre non riusciva più a toglierglielo, perché lei le ha agguantato la mano pervicacemente, con piglio da sindacalista, come se le stessero togliendo un diritto ormai acquisito.

A volte le sue reazioni sono così chiare, così perfettamente comprensibili, così cristalline che non occorre altro linguaggio per decifrarla. Altre volte invece sembra assorta a guardare, a guardarmi, in piena meditazione di chissà quali considerazioni. È in questi momenti che mi sento inerte di fronte al suo sguardo. Sicuramente concepisce emozioni, immaginazioni, pensieri. Ma quali? Mi piacerebbe poterli ascoltare, come nel famoso film *Senti chi parla*...

Ecco. Ci risiamo. Mi fissa, di nuovo. Ma che si guarda? Oddio, mi si sarà appiccicato qualcosa sulla faccia? Certo che ha un'espressione da scemo! La mia mamma questo signore qui lo chiama Enrico. E siccome lo chiama così tutti i giorni da quando sono arrivata, più volte al giorno, e spessissimo di notte, penso che questo Enrico sia mio padre. Cioè quella cosa che non mi ha tenuto in pancia nove mesi, non mi ha partorito, non ha una tetta morbida, anzi due, dalla quale mi posso estasiare a intervalli regolari, ma che comunque pare essere essenziale in una famiglia come si deve.

Papà Enrico... È un po' diverso da mamma... ha una cosa tutta sbruzzolosa intorno alle labbra, una specie di scopettino nero, fatto di peli ispidi. Strano. Io ho provato a fargli capire che se la deve togliere: certo, ammetto che sia comoda, perché certe volte mi ci aggrappo e mi riesco a mettere seduta... però questa barba (ecco come si chiama, barba!) mi fa il solletico ogni volta che si avvicina. Ma papà non sembra aver capito... non me ne stupisco. Ogni tanto arriva e mi sbatacchia, mi fa le boccacce... mi parla in modo assurdo: «Bububù... poccipoccipocci... piripiripiri...»; cosa che fanno anche altre persone, tipo quei tre che suppongo siano i miei nonni. Probabilmente sono capitata in una famiglia con qualche problema cognitivo... fortunatamente io ho ripreso da mamma.

Devo ammettere però che il mio papà è simpatico. Quando ero piccola – ho già cinque mesi, non sono mica più una poppante! Sì, ciuccio ancora il latte, ma che c'entra? Sono grande, io – a un mese e mezzo, mi hanno portato in un posto con tante sedie, tutte rivolte verso il mio papà. Mi ricordo che mi sono chiesta: «Ma che c'avranno da guardare, tutti quanti? Sì, lo so, è un tipo strano, ma fissare le persone non è educazione!». Però, papà non era infastidito, anzi! Parlava, parlava... e la gente rideva, rideva. Quindi mi sono convinta che deve essere un tipo divertente. E, a un certo punto, lo abbiamo raggiunto, mamma e io.

Lui mi ha presentato e le persone mi hanno fatto un applauso! Così, senza aver fatto niente... credo abbiano percepito il mio intenso carisma, che ha ridotto in schiavitù sia i miei genitori che un numero considerevole di zii e zie. E questo è solo l'inizio... tzè. Che si credono?

Comunque, papà si è emozionato, mi ha preso in braccio e io ho notato una lacrimuccia appesa a un occhio. Ah, dimenticavo: è un piagnone. Eppure non mi sembra di essere così dispotica. Ho il mio bel carattere, ma sono comunque gentile con lui! Anzi, quando mi guarda non fa altro che sorridermi e allora io, per educazione, ricambio il sorriso, così lui ride di più e io per compiacerlo mi sforzo di imitarlo, ma quando mi sforzo troppo mi succede sempre che faccio la... oddio come si chiama quella cosa che quando la fai ti senti bene ma poi devi piangere per farti cambiare? La... ora non mi viene. Aspetta, la faccio, così me lo dicono subito, come si chiama...

«Marty! Ma hai fatto la cacca? Di nuovo?»

Ecco, la cacca! Grazie mamy.

Diciotto

Un figlio ti cambia. È un assioma inconfutabile, ormai. Modifica il paesaggio interno ed esterno, riordina i valori e ristabilisce le priorità. Per quanto mi riguarda, il cambiamento è netto, cristallino, rigenerante, quasi un rinnovamento.

Un po' me lo immaginavo, ma quello che non sapevo è che, quando hai un figlio, cambia anche la percezione che le persone hanno di te. Tra i vari «miracoli» di Martina, devo annoverare anche questo: dalla sua nascita, la gente mi vuole più bene. Sono stato sempre molto amato dal mio pubblico, per carità; ma adesso percepisco una tenerezza e un'attenzione diverse... Probabilmente perché anche io mi pongo in modo differente, anche se non me ne accorgo.

Da personaggio pubblico so cosa significa avere cura della propria immagine, proteggerla dalla superficialità, dalle inevitabili invidie, dalle antipatie insanabili e anche un po' da me stesso. So di non essere perfetto, come magari qualcuno vorrebbe che fossi, sempre pronto e disponibile alla condivisione e al cazzeggio, ovunque e con chiunque. Negli anni, ho diviso l'uditorio: chi mi ama e difende a spada tratta, e chi ha finito con l'odiarmi, dicendo che incontrarmi di persona è stato deludente. Questo mi dispiace, perché sono sempre stato molto rispettoso del mio pubblico... ma, oltre ad avere sicuramente un carattere molto duro per natura, a volte le persone non si rendono conto che, come per tutti, c'è momento e momento per avvicinarsi e, ad esempio, chiedere la foto o l'autografo. Aggiungeteci anche che, malgrado il mio mestiere, io *odio* fare le fotografie – se non ci credete, chiedete al mio ufficio stampa: se mi vuole fare un dispetto, mi deve dire che c'è un servizio fotografico in vista...

Vedete, a me piacciono i gesti spontanei, schietti; non ho mai negato una stretta di mano a nessuno, perché capisco che ciò che anima la persona che me la chiede è sincera ammirazione e affetto. Ed è l'obiettivo del mio mestiere: emozionare, suscitare affetto ed empatia. Chiunque mi stringa la mano diventa la conferma che ho raggiunto il mio scopo e, soprattutto, ho raggiunto il suo cuore. Mentre la smania collezionistica della fotografia con una persona conosciuta azzera valori e interesse autentico; mi sembra di diventare solo una figurina nell'album Facebook di qualcuno e allora lo sforzo di posare, per me, è doppio. Ormai, da anni so che evitare le foto è impossibile e, dunque, mi sono dovuto adattare, mio malgrado.

Siamo nell'era dei social network e quasi tutto, purtroppo, passa per le immagini virtuali; qualche volta penso con invidia ai tempi in cui il principe Antonio De Curtis, in arte Totò, poteva negarsi alle foto se non erano ufficiali – nel suo caso credo che fosse una preoccupazione rispetto alla propria apparenza, un peccatuccio di vanità per preservare la sua immagine. Io non sono così preoccupato della mia immagine, sono quel che sono: un uomo un po' orso che odia la macchina fotografica. Cosa posso farci? E, malgrado gli sforzi, qualcuno si lamenta lo stesso del mio atteggiamento.

Come una volta un signore: ero al cimitero, davanti alla tomba di mio padre. Stavo pulendo la foto sulla lapide, quando questo tizio, passando, mi fa: «Scusa... ma tu sei Brignano?».

Mi giro verso di lui, con i lucciconi agli occhi: «Sì, signore».

«Ma come mai sei qui?»

Io, sempre mestamente: «C'è mio padre...».

Piccola pausa di circostanza. «Ma la possiamo fare una foto insieme?»

A quel punto, tutta la mia mestizia si è trasformata in rabbia: «No, non la possiamo fare, perché sto piangendo, perché non è il momento, perché non ne ho voglia, proprio adesso».

«Ammazza, oh! In televisione parevi più simpatico!»

Col senno di poi, ho anche capito che per quel signore ero semplicemente un volto pubblico, a cui non è stato in grado di sovrapporre l'uomo privato. Quindi è stato inopportuno, ma forse suo malgrado, senza neanche rendersene conto.

Oppure, ricordo quella volta in cui ero in un ristorante al mare, con la mia compagna e alcuni amici; mi avevano appena portato un succulentissimo piatto di pasta con le vongole. Due signore di una certa età, evidentemente amiche, si avvicinano; la bionda: «Scusi... che ci possiamo fare una foto insieme?».

«Va bene, signora. Mangio la pasta, che è bella calda, e la facciamo, okay?»

«Eh, ma io devo andare via!»

La mora: «Dài, lasciamolo stare, lo stiamo disturbando!».

Stavo per rispondere, ma la signora bionda mi ha preceduto: «Macché! Lui è contento. Vero?».

Inutile dire che ho dovuto fare subito la foto e, tra convenevoli vari, mi sono mangiato la pasta ormai fredda.

Come avrete capito, il cibo è il mio punto debole, e fortunatamente non ho altri vizi più gravi; lo spaghetto con le vongole appena servito per me è sacro e inviolabile, quasi quanto una fettina panata...

Da quando c'è Martina mi sembra che la gente sia più accorta. Forse il fatto di sapermi padre mi fa percepire cresciuto, finalmente adulto, in ogni caso non più il ragazzo che sono stato fino alle soglie dei cinquant'anni. Agli attori succede spesso, i decenni tra la giovinezza e la pensione si confondono, verso l'uno o l'altro dei poli. Anche in questo sono stato fortunato. Comunque a me la cosiddetta maturità me l'ha regalata mia figlia, anche agli occhi degli altri. Mi salutano e si avvicinano con un garbo rinnovato. Dalle ragazze, anche giovani, che mi chiedono di salutare Flora e la bambina, alle signore che mi danno consigli su mia figlia, tipo: «Anche se vi dicono di non abituarla a stare in braccio, voi prendetela quanto volete! Crescono così velocemente! Godetevela...». E poi uomini di tutte le età che solidarizzano con me e, con aria tra il rassegnato e l'orgoglioso, mi dicono: «Adesso sì che puoi dire di essere un uomo. La paternità è una cosa complicata ma bellissima. Ah, è femmina? Buona fortuna, amico mio!».

Lo devo ammettere: questo approccio così personale, così intimo e solidale mi piace proprio tanto. Così tanto, che ho cominciato a intrattenermi un po' di più con le persone, ad apprezzare i loro consigli e, soprattutto, riesco a percepire l'affetto vero del mio pubblico, che gioisce con me per questa nuova esperienza che ha travolto Flora e il sottoscritto e che si chiama «famiglia».

E la migliore alleata è proprio Martina. Ho tutto da imparare, non c'è che dire... Lei sì che sa come trattare con il suo pubblico. È una bambina molto, molto socievole, va in braccio a tutti, a tutti regala un sorriso; scruta i volti nuovi con attenzione e si aggrappa con la manina là dove l'appoggio le pare più comodo.

Per esempio, nel caso di «zio Michele», il mio assistente personale, si dirige sicura verso il naso, non proprio alla francese, diciamo, e glielo strizza divertita mentre lui finge di lamentarsi e lei ride. E il suono della sua risata cristallina è una cosa che mi stupisce ogni volta e mi riempie di gioia magica.

Mia figlia ride di gusto, ha imparato abbastanza presto e dà sfogo al suo buonumore ogni volta che può. Per un attore brillante è anche una discreta soddisfazione, perché spero che cominci presto a ridere alle mie battute... o magari ne inventerà di molto migliori e diventerà la mia autrice preferita, o la mia rivale più temuta... chissà!

È molto strano scorgere aspetti della propria personalità in quella di una nanerottola che a malapena riconosce le persone, eppure mia figlia già presenta lati del carattere che mi riguardano, come anche abitudini e modi di essere. Ad esempio, il risveglio. Mentre durante il giorno è sempre pronta a divertirsi, a socializzare, a imparare, la fase del risveglio è molto delicata: bisogna rivolgersi a lei con prudenza, senza alzare la voce, senza vezzeggiarla troppo. Dopo due-tre minuti, quando ha capito dove si trova e con chi, torna la bimba allegra di sempre. Be', tutto questo somiglia spaventosamente al mio, di risveglio; appena apro gli occhi, io non connetto, non so dove sono, mi guardo attorno come se ci fosse uno sconosciuto in camera da letto. Flora, che lo sa, a malapena mi rivolge la parola, anche perché le risponderei con un grugnito, o con un latrato, a seconda di come ho passato la notte, ma fortunatamente è uno stato che svanisce al primo sorso di caffè.

Ricordo una notte di qualche anno fa, una delle prime nostre notti insieme. Ci siamo svegliati e lei aveva un provino da fare, quindi si è preparata in fretta, mentre io ero ancora a letto, nel mio limbo prerisveglio o, in altre parole, nella semincoscienza.

«Allora, Enry» mi ha gridato dal bagno, mentre finiva di truccarsi, «io vado in taxi; il provino è alle undici, ma vedrai che andrà a finire più tardi...»

Io: «Taxi... provino... più tardi».

«Esatto. Tu alzati con calma, fai le tue cose e poi vieni in zona, così mi recuperi e pranziamo insieme, okay?»

«Sì. Calma... zona... pranzo.»

«Perfetto. Se riesci, portami questo vestito che ho piegato nel sacchetto... ora non posso portarlo con me, ma mi servirà stasera e non ripasserò da casa tua...»

«Vestito... stasera...»

«Bene, siamo d'accordo. Allora vado!»

Ed è uscita.

Io mi sono riaddormentato e ho riaperto gli occhi un'ora dopo; di quello che era successo prima con Flora non rammentavo praticamente nulla, era un ricordo così ovattato che mi pareva di averlo sognato. È andata a finire che mi ha aspettato per mezz'ora dopo il provino, mentre io ero allegramente andato a fare il mio consueto giro in bicicletta; mi ha chiamato dalle ventotto alle trentadue volte senza avere risposta, perché nelle due ore di bici io stacco proprio la spina; ha pranzato da sola, se n'è andata a casa sua e non mi ha più risposto al telefono per i successivi due giorni.

«Ma perché, che ti ho fatto?» le ho chiesto quando finalmente ha risposto al telefono. L'avessi mai fatto: sono seguite quattro ore di telefonata in cui io ho potuto inserirmi ogni tanto nella sua sequela di rimproveri con un «Lasciami spiegare»; «Aspetta, così sei ingiusta»; «No, è che io se dormo non capisco». A un certo punto mi sono sorpreso a sperare di addormentarmi e di affrontare la telefonata nello stesso comodo stato catatonico che mi aveva messo nei guai.

Da quella volta, le cose vanno pressappoco così: ci svegliamo; Flora, mentre è in bagno (che poi, perché le donne parlano sempre dal bagno?): «Amoreee! Io sto uscendo. Quando ti alzi, senza fretta, ricordati di prendere i pannolini e, se puoi, passa al volo in tintoria. Capito?».

Lungo silenzio.

Lei si affaccia in camera, mi guarda e, dalla mia faccia priva di espressione, con lo sguardo perso nel vuoto, capisce e fa: «Ah, già! Il caffè». E poi torna con una tazzina fumante: «Te l'ho fatto doppio, che ti devo dire più di una cosa...».

Io fisso la tazzina, e lei: «Dài, bevi che vado di corsa!». Poi continua a fare le sue cose. Poi torna: «Hai bevuto?».

«Sì.»

«Tutto tutto?»

«Sì.»

«Ti stavo dicendo: compra i pannolini e passa in tintoria. Hai capito?»

«Mo' sì.»

Il fatto che Martina mi somigli, almeno in questo, è consolante. Si dice che il carattere accentui le sue peculiarità con l'età. Ne deduco che il mio torpore mattutino non svanisca all'improvviso, semmai il contrario. Non posso immaginare come sarebbe avere due donne iperattive di prima mattina ed essere io l'unico rincoglionito di casa... Tanto sarò in minoranza su tutto il resto, me lo sento.

Già me la immagino, la mia donnina, a quattordici anni, col lucidalabbra brillantinato...

«Ehi, ragazzina, mica vorrai uscire già con il rossetto, vero?»

«Ma nooo, papà, figurati! Questo è un burrocacao che nutre le labbra. Vero, mamma?»

E Flora: «Certo! Martina ha messo il burrocacao vitaminico. Sembra colorato perché è alla fragola».

«Scusa, Flo: e i brillantini?»

«Quelli so' le vitamine!»

Diciannove

In una coppia, con l'arrivo di un figlio, succedono un bel po' di cose e molte sono piacevoli. C'è un'intesa più forte – del resto ti devi necessariamente alleare contro il nemico, il batuffolo, sennò soccombi; si cementano i sentimenti, perché tuo figlio è il frutto del vostro amore, ogni volta che lo guardi è come se stessi osservando la prova vivente di quello che senti nel tuo cuore. In compenso, l'intimità si va a far friggere. Sì, cioè proprio non esiste più... Io pensavo che fossero esagerati i racconti degli amici che hanno prole, e invece ho scoperto che è anche peggio di come lo descrivevano loro!

Sul sesso si può mettere una pietra sopra già verso la fine della gravidanza: a parte che mi faceva anche un po' impressione... lì dentro c'è mia figlia e io invado il suo spazio... metti che mi sente! La traumatizzo a vita! E comunque lei ci ha boicottato più di una volta. Sì, perché Flo e io ci abbiamo pure provato: sposta la gamba, metti il braccio così, attenta alla testa, no, magari mi giro io, aspetta, ferma così, eh no, t'ho detto ferma così! Insomma... magari trovavamo pure l'assetto giusto, ma puntuale come un orologio, al dunque quell'impunita di mia figlia cominciava a muoversi nella pancia. E non si può! Con che coraggio uno procede?

L'ultimo mese è da escludersi per non indurre il parto anzitempo... poi c'è la nascita. E di nuovo, non si batte chiodo per almeno quaranta giorni. Noi, per stare tranquilli, abbiamo fatto passare quattro mesi, che non si sa mai. Anche perché, mentre una donna allatta, è particolarmente fertile... e un altro figlio così, subito, ci avrebbe dato il colpo di grazia.

Comunque, al di là del sesso, il problema è che proprio non hai più tempo per la coppia... per fare un complimento, una coccola, per uno sguardo d'intesa, per un'attenzione. Proprio perché me ne sono reso conto, due sere fa, mentre Flora metteva a letto Martina, ho tirato fuori del buon vino, un barolo chinato che si abbina divinamente alle fragole ricoperte di cioccolato fondente che avevo nascosto in una credenza. Ho abbassato le luci, creando un po' l'atmosfera con della musica di sottofondo – molto sotto, come fondo: era appena percettibile, per non svegliare la belva, ehm, Martina; ho preso una rosa rossa, anche lei abilmente nascosta nel pomeriggio, da porgere alla mia donna non appena fosse tornata in salotto. Senonché, Flora tardava. Ho pensato che stesse faticando ad addormentare la piccola, quindi ho pazientato. È andata a finire che ci siamo addormentati tutti e due: lei in camera, cullando Martina; io in salotto, con il vino in mano e la rosa in bocca.

Verso le sei di mattina, si è affacciata Flo con il pigiamone, i capelli arruffati e gli occhi da sonno: «Ah, ma tu qui stai? Mi hai fatto prendere un colpo... mi sono svegliata e non c'eri! Non sapevo cosa pensare. Ma manco adesso so cosa pensare: che ci fai sul divano, con la bocca sporca di cioccolato?». (Nell'attesa qualche fragola me l'ero mangiata...)

Mi sono alzato per spiegarle, ma ero intontito dal sonno e ho perso l'equilibrio. Sono ricaduto sul divano. Più precisamente, sulla rosa. Anzi, per essere ancora più dettagliato, sulle sue spine. «Aaahhh!»

«No, vabbe' Enry, inutile che fai le scene. Non me lo dire, non lo voglio sapere. Vado a preparare il latte per Martina. Intanto la cambi tu?»

Inutile spiegare. Tanto, anche volendo, data la mia scarsa reattività mattutina non avrei saputo trovare le parole. E, soprattutto, avevo un'urgenza maggiore: controllare lo stato del mio didietro dolorante e metterci del disinfettante. Diciamo che non so quale delle due ferite facesse più male: quella all'ego, perché Flora non aveva riconosciuto il mio tentativo romantico, o quella al... retro.

Devo ammettere che non è la prima volta che cerco di fare un gesto carino per la mia compagna e la cosa non va esattamente per il verso giusto. Ma fin da quando ancora non vivevamo insieme!

Una mattina, ad esempio, saranno state le sette-sette e mezzo, squilla il cellulare di Flora; lei non risponde, si rigira nel letto e cerca di ignorarlo. Quel giorno avrebbero dovuto consegnarle l'armadio nuovo, aveva appuntamento con i trasportatori per le dieci della mattina. Di fronte all'insistenza dello squillo, alla sesta telefonata, imbestialita risponde e aggredisce l'interlocutore con l'irruenza che la caratterizza quando sente di essere vittima di un sopruso: «Ma insomma, non avete un po' di rispetto? Mi sembrava di essere stata chiara, quando ho fatto l'ordine! L'armadio me lo dovevate consegnare fra tre ore. Se lo avessi voluto alle sette lo avrei chiesto, no? E questo è pure un servizio che si paga? Ah, ma la vedremo. Reclamerò con il mobilificio... io lavoro fino a tardi e ho diritto a riposare come tutti. Dovete passare alle dieci, io prima non vi apro!».

Alla fine della sfuriata, mentre riprende fiato, si sente dire: «Guardi, io ci torno pure, alle dieci. Ma il cappuccino me se fredda!».

Attimo di silenzio.

«Scusi, ma che cappuccino?»

«Eh, signori', io ho qui una colazione romantica da recapitarle: cappuccino, brioche, crostatina a forma di cuore, succo di frutta e vasetto con fiore. Gliela manda Enrico...»

Flora ha accolto il runner più con senso di colpa che con piacere. E lascio immaginare, a questo punto, che grado di romanticismo ci potesse essere in una colazione così...

Dice: vabbe', ma può succedere! Avrai fatto altri gesti, per amore, che vale la pena di ricordare, no? E la risposta è sì. Anche se poi vengono ricordati per le ragioni sbagliate, perché c'è sempre qualcosa che va storto... Innanzitutto, devo ammettere che le azioni romantiche io le faccio molto spesso «a recupero», ovvero per farmi perdonare qualcosa. Ogni tanto, come nel caso della colazione, sono atti spontanei, ma più frequentemente sono modi per chiedere scusa o per fare pace dopo un litigio.

Come quella volta che avevamo litigato di brutto e Flo mi aveva detto che non voleva più vedermi. L'ho tartassata di telefonate; l'ultima si è conclusa con un suo: «Non cercarmi più. Ora ho da fare, ho un servizio fotografico a Sabaudia. Addio». E ha attaccato.

Eh no, come addio? Io non voglio dirti addio! E allora sai che faccio? Ovvio, vado a Sabaudia.

Avevo intuito che si trattava di foto fatte al mare, ma non sapevo esattamente dove. Quindi, arrivato in spiaggia, mi sono fatto tutti i lidi, i bagni, insomma, tutto il litorale in cerca della mia compagna. E finalmente la trovo. Mi apposto dietro una duna, aspettando il momento in cui avrebbe finito lo shooting e l'avrei potuta avvicinare per parlarle.

Mi sono concesso qualche sguardo ammirato, però: Flo era vestita con un abito scuro e leggero, doveva immergersi in acqua e uscirne, mentre il fotografo scattava. Era di una bellezza folgorante, ma mi chiedevo come riuscisse a resistere al freddo, dato che era fine settembre e tirava una certa gianna (tradotto per chi non abita a Roma, c'era un venticello niente male...).

Nel frattempo, gli assistenti del fotografo avevano notato una presenza sospetta, tanto che erano andati da Flora: «Ecco, è arrivato l'immancabile maniaco...».

«Ma chi è?»

«Boh, è uno che si è nascosto e ti fissa da lontano. Lo caccio?»

«Ma lascia perdere, tanto sono vestita, non c'è nulla da vedere. Se cerca cose piccanti, si stancherà ben presto e se ne andrà da solo.»

Intanto, il servizio fotografico proseguiva: *click, click, click*...

«Senti, Flora... quel tizio ci ha chiesto una cosa...»

«Uff, ma che vuole? Non lo voglio conoscere, non lo fate avvicinare...»

«No, in realtà ci ha chiesto se abbiamo un accappatoio per coprirti, sennò prendi freddo ai reni, conoscendoti...»

«Conoscendomi? Ma chi lo conosce? Mi ci manca solo questo... senti, caccialo via...»

«Ehm... non so se è il caso... guarda che è Enrico...»

Ora, a me la preoccupazione per la sua salute era sembrata un pensiero gentile, ma Flora non ha apprezzato più di tanto. Ha detto che, se la nostra storia fosse stata un film, dopo che uno si è fatto un'ora di macchina per sorprendere l'altra e farsi perdonare, la scena clou avrebbe previsto lui che si tuffa nel mare, la raggiunge e la prende vigorosamente tra le braccia. Al massimo, ci sarebbe stata una scena di gelosia, per cui andava bene chiedere l'accappatoio, ma solo per coprire il preziosissimo corpo della sua donna. In sintesi, il gesto di salire in macchina e, d'istinto, andare a Sabaudia in cerca di lei aveva fatto sì che mi perdonasse per il litigio; ma ora si era arrabbiata di nuovo perché non ero geloso.

Signore e signori, è così, lo confesso: io non sono geloso. Trovo la gelosia sciocca: se sto con qualcuno, fidarmi mi pare il minimo. In caso contrario la relazione può terminare, per quanto mi riguarda; ma mi rifiuto di diventare sospettoso e di soffrire per pericoli immaginari, o di farmi il sangue amaro al solo pensiero che un terzo incomodo possa insidiare la mia compagna in mia assenza. Anche perché passo buona parte della mia esistenza lontano da casa, in tournée: sarebbe una vita d'inferno, la mia!

In ogni caso, Flora era quasi riconquistata, mi mancava pochissimo per vincere le ultime resistenze e tornare insieme. Era solo ancora un pochino contrariata. Così, sono andato a casa sua. Ovviamente, non a mani vuote.

«Enry... grazie, ma... questa che sarebbe?»

«Una pianta di peperoncini!»

«Scusa... ma come mai questo regalo insolito?»

«Be', il fioraio era chiuso. Era aperta solo la bancarella della frutta!»

«E quindi?»

«E quindi l'ho presa. Mi sembrava una cosa carina!»

A questo punto, Flora si è messa a ridere, mi ha abbracciato e mi ha sussurrato: «Ti perdono solo perché so che non lo fai con cattiveria. È che non ci arrivi proprio!».

Avrei potuto offendermi. Avrei potuto risentirmi. Avrei potuto fare tante cose, ma mi era andata bene, mi aveva perdonato, perché stare a sindacare ancora?

E poi ve lo confesso, ma a lei non dite nulla: io ringrazio ogni giorno di svegliarmi con Flora accanto. Molti potrebbero pensare che sia per la sua bellezza e, per quanto sia innegabilmente bellissima, non è questo il motivo principale per cui mi reputo fortunato ad averla per compagna di viaggio nella vita. È che mi fa stare bene: io, con lei, mi diverto, sono sereno, allegro. Ha colorato la mia vita con tante di quelle sfumature che, senza di lei, non riuscivo neanche a immaginare. Certo, come tutte le coppie litighiamo; abbiamo passato momenti difficili; ci siamo mollati e poi ripresi. Però, siamo ancora qui. Insieme. Ad aspettare fiduciosi il domani, a vedere cosa ci porterà; a costruire un rapporto giorno dopo giorno. Ed è bello, emozionante ma anche faticoso; una strada irta di difficoltà, in salita.

Proprio per questo, ho pensato che ci meritiamo un weekend romantico, da venerdì a domenica. Mi sono accordato con mia suocera, che – grazie, grazie, grazie! – ci terrà la bambina; ho prenotato una stanza d'albergo vista mare, con una terrazza su cui troneggia una vasca idromassaggio per due; frutta, vino, la luna, le stelle e noi.

Con una task force degna delle teste di cuoio, mi sono presentato a casa con Marilena (mia suocera, appunto); Flora è rimasta interdetta, ma quando ha capito le mie intenzioni si è precipitata a fare i bagagli. Tra l'altro, è la prima volta che l'ho vista riempire una valigia nel tempo record di tre minuti e ventidue secondi.

«Amore, sei sicura di aver preso tutto? Questo borsone è leggero...»

«Ho portato un vestito elegante, per la sera.»

«E il giorno?»

«E chi ha intenzione di uscire dalla stanza, durante il giorno?»

Io di sicuro no. I miei ormoni stanno ballando il tip tap, dopo questa affermazione di Flora non sento più niente, la realtà è lontana, mi giungono solo suoni ovattati.

Salutiamo la bambina che resta con la nonna (e questo è l'unico momento in cui un po' ci si stringe il cuore), poi ce ne andiamo. Anzi, l'espressione più esatta è «scappiamo»; più che una fuga romantica, la nostra è un sequestro di persona.

Quando arriviamo in albergo, il receptionist, nell'intento di essere gentile e ossequioso, ci conduce fino in camera; mentre noi fremiamo per restare soli, questi indugia per mostrarci il funzionamento della vasca idromassaggio, per illustrarci tutti i numeri utili che possiamo chiamare, persino come utilizzare il telecomando della tv satellitare. Quando poi si accinge a mostrarci addirittura il frigo bar, lo interrompo bruscamente: «Sì, sì, tanto non beviamo niente. Grazie e arrivederci».

«Be', se non bevete niente... allora vi lascio soli.»

«Eh.»

«Per qualsiasi cosa, digitate pure...»

«... il 9. Lo so, lo so.»

«Buona permanenza.»

«Se te ne vai, sicuro.»

«Pardon?»

«Nulla. Dicevo che ne può essere sicuro... che sarà una buona permanenza, intendo...»

Finalmente se ne va e siamo soli. Ci sentiamo pervadere da un senso di libertà strano, come se fossimo due adolescenti che hanno marinato la scuola... quasi che questo tempo lo avessimo rubato alle cose serie della vita e stessimo facendo una marachella. Questa sensazione ci inebria ancor di più e ci godiamo la reciproca compagnia, ritroviamo la nostra intimità, riscopriamo gesti consueti. Ci amiamo. Tanto.

È Flora a rompere l'incanto, quando la seconda sera, mentre siamo nell'idromassaggio sotto le stelle, mi dice: «Enry... io tutto questo l'ho apprezzato, davvero. È bellissimo essersi ritrovati, però...».

«Ti manca Martina...»

«Esatto. Come l'hai capito?»

«Perché manca anche a me!»

E così ci è stato tutto chiaro: anche quando fatichiamo a stare svegli, anche quando la bambina piange, ogni volta che la cambiamo... in ogni gesto che facciamo per la nostra famiglia, ci dimostriamo amore; ed è un amore che ormai si è inesorabilmente trasformato in «una cosa a tre».

Non c'è stato bisogno di dire molto altro. Abbiamo raccolto le nostre cose, ci siamo rimessi in macchina e siamo tornati a casa. Da nostra figlia.

Venti

L'estate è arrivata ed è esplosa con tutta la forza di cui è capace: questa estate 2017 la ricorderemo infatti come la più calda degli ultimi... boh, tra gli esperti c'è chi dice novant'anni, chi centodieci, chi centoquaranta. Ma tanto, chi potrebbe smentirli? Io no di certo, non saprei come confutare. Quello che so di sicuro è che a Roma si muore di caldo e ogni anticiclone che s'avvicenda sulla Penisola viene battezzato con il nome di un personaggio mitologico: abbiamo avuto Caronte, Circe, Polifemo e tutta la squadra degli dèi e degli eroi dei poemi omerici, come se il clima e le temperature fossero inviati dal Fato a punire o premiare le gesta degli uomini.

Il dato incontrovertibile è che si schiuma e così, con Flora, abbiamo pensato di portare la bambina al mare. Martina cresce: adesso le cosciotte floride spuntano fuori da pagliaccetti e gonnelline, alla mercé dei pizzicotti e dei morsetti gentili di tutti, specialmente i miei. Del resto, chi resisterebbe a quelle piegoline?

Ancora più divertente è vederla sguazzare nella piscinetta gonfiabile, in spiaggia. Piscinetta che, inutile specificarlo, gonfio io... o più precisamente ci provo. L'ho presa pensando che fosse un gioco da ragazzi, invece quando mi metto a soffiare l'aria dentro, non si riempie mai! A vedermi all'opera somiglio al grande trombettista Louis Armstrong, con tanto di gote a mongolfiera e orbite oculari a balconcino. A metà del lavoro vado in iperventilazione, comincio a vedere le lucciolette e sto lì lì per svenire.

Allora interviene la nonna di Flora – sì, perché la mia compagna ha una famiglia molto giovane, nonna compresa: una donna ancora bellissima e gagliarda, che vedendomi in difficoltà mi dice: «Enrico, lascia fare a me...».

«Eh, ma è impegnativo!»

«Figurati! Ho avuto due figli e quattro nipoti. Sai quante ne ho gonfiate, di piscinette, in vita mia?»

Eppure il fiato non mi manca, con l'ossigeno che impiego per portare a termine uno spettacolo di tre ore potrei gonfiare l'equivalente di quattro vasche olimpioniche, ma forse il fatto di non destinarlo a ciò a cui sono allenato mi ha fatto fare cilecca. Magari avrei dovuto farci dei monologhi, nella piscina, allora forse sarebbe scoppiata dalle risate... chissà.

Comunque passo alla mia bis-suocera tutta quella gomma ancora informe, mi giro per aprire l'ombrellone e posizionare le sdraio e, mentre stendo il telo da mare, costei ha gonfiato perfettamente la piscinetta per mia figlia. In quanto? Cinque minuti? Non ci ho messo di più ad attrezzare la nostra postazione...

Con un vago senso di umiliazione, riempio la piscinetta e la piazzo all'ombra. Ed ecco Martina: la mamma la spoglia e lei resta con un costumino tutto balze e fronzoli, già buffo di suo, che diventa irresistibile visto che è bello gonfio perché nasconde il pannolino sotto. Immancabile il cappellino e una cosa come tre borsoni, tutti pieni di roba per lei. Ultimamente, si tratta soprattutto di giocattoli: quelli educativi, quelli parlanti, quelli freschi da mordere per lenire il fastidio alle gengive, visto che i dentini cominciano a premere... insomma, oggetti di tutti i tipi, che hanno la funzione di stimolare lo sviluppo intellettivo di mia figlia. La quale secondo me è già sufficientemente sviluppata da sola e usa la sua intelligenza per schiavizzarci.

Il suo passatempo preferito, infatti, è prendere un giocattolo alla volta e, mentre ci guarda sorridendo, gettarlo il più lontano possibile, arrabbiandosi quando li esaurisce, se noi non li raccogliamo come suoi umili servitori... Credo che ci sia del sottile sadismo in questo suo atteggiamento, motivo per cui ritengo superflui i giochi che la allenano ulteriormente: ci manca solo quello! Se diventa più furba, a quattro anni potrebbe essere capace di cacciarci di casa, a me e sua madre, fingendo di giocare a nascondino!

«Dài, Marty, apri la porta, facci entrare! Il gioco è finito!»

E lei, da dentro: «Finalmente me ne sono liberata... che fessi che sono! Ma io da dove sarò uscita? Chissà... intanto mi faccio un chupito di latte e chiamo al cellulare la mia compagna di asilo».

Sperando che la mia previsione sia sbagliata, gioisco perché arriva il momento del suo bagnetto, che mi piace tanto: nel frattempo, ho già fatto avanti e indietro con la cabina che abbiamo affittato nello stabilimento una cosa come tredici volte.

«Serve la crema protezione totale per Martina!»

«Mi andresti a prendere l'olio per bambini?»

«Mi servirebbe il costumino con il topo disegnato, ci pensi tu?»

«Uh! Il secchiello non l'ho portato... non è che potresti...?»

«Enrico, ho detto che c'era disegnato un topo. Questa è Minnie, una topolina, non lo vedi?»

Ma se le mancano tutte queste cose, dentro i tre borsoni allora che c'è?

A ogni modo, con questo caldo, questo sole e tutta 'sta roba, sono solo le dieci del mattino ma io sono già sfinito e grondante di sudore. Malgrado tutto, quando vedo la faccia di Martina che, come una paperella, sbatte felice i piedini nella piscina gonfiabile, mi passa qualsiasi stanchezza. Quasi non sento neanche più caldo.

A un certo punto mia figlia, che ultimamente chiacchiera parecchio in un linguaggio tutto suo, dice qualcosa che somiglia a: «Mnghmmgghmbl».

E Flora: «Ha detto mamma!».

«Chi?»

«Come chi? Martina, no?»

«Non mi pare...»

«Vabbe', ma tu sei sempre distratto, non ci hai fatto caso. Ha detto mamma!»

«Ma quando?»

«Ora. Si è capito distintamente. Ha detto mamma.»

«Flo... ha parlato, è vero. Ha mugugnato qualcosa di incomprensibile dove c'erano molte emme, è vero pure questo. Ma non ha detto mamma, te lo assicuro.»

«Eppure mi era sembrato...»

«No, amore. No.»

Un po' delusa, Flora si sistema vicino a me, che tengo la piccola sotto le ascelle mentre sguazza felice nell'acqua. E Martina ci stupisce con un altro progresso: si tira su, in piedi. Ha sempre tentato di drizzare le gambette, ma ora è proprio salda, se lascio il peso lei lo sostiene. Il pediatra ha sconsigliato di farlo, quindi la sorreggo io, ma percepisco che mia figlia sarebbe già pronta adesso, a sei mesi, a tenersi su.

Flora e io ci guardiamo, parte tutta una serie di gridolini, applausi a scena aperta per la nostra piccola; io mi produco nei più ridicoli dialoghi con la bambina, tipo: «È l'amore di papà, lei, abalabubù che sta in piedi, cipicipicì...» e cose simili.

Un neonato induce quasi involontariamente a imitare la parlata neonatesca. Persino mio fratello, che non parla quasi mai, al cospetto di sua nipote comincia a prodursi in una serie di suoni similinfantili che, a sentirlo, uno pensa che abbia subìto una mutazione fonetica. Come il sottoscritto, per altro.

In spiaggia ci guardano un po' inteneriti e un po' schifati, ma non mi interessa perché io sto già immaginando il momento in cui la mia bimba farà i suoi primi passi. Probabilmente presto: ho sentito di bambini che a nove mesi già camminano e mia figlia promette bene. In questo non ha preso certamente da me. Io ho cominciato a camminare diversi mesi dopo aver compiuto un anno di età. Mia madre dice che ero un bambino pigro, il che può anche essere; io però sarei più propenso a dare la colpa soprattutto alle fasce.

Sì, perché quando ero piccolo io i pannolini non esistevano e dunque si utilizzavano delle pezze di lino o di cotone con cui si avvolgeva il corpo del bambino, fermate da una spilla da balia. Ora, io già ero un bimbo pasciutello, in carne, per così dire; in più, venivo arrotolato in quelle fasce – che poi mio padre, con la mentalità di quello scampato alla guerra, che ha sempre vissuto nel «troppo poco», tendeva ad abbondare per reazione, quindi la quantità di tessuto era talmente tanta che dopo la toletta sembravo il figlio di Tutankhamon. Così conciato, mi era molto difficile compiere il benché minimo movimento, figuriamoci camminare!

Mia madre, poi, era sempre di corsa, sempre al negozio; c'aveva da fa', doveva anna'... un po' come me, ora che sono cresciuto. Forse tutte le fregole che ho le ho prese da lei, è per questo che non sto mai fermo; o è ereditario, o è per reazione rispetto all'immobilità del mio primo anno di vita.

Fatto sta che non avevo qualcuno che tentasse almeno di invogliarmi a camminare, che mi facesse provare... io ero il bambolotto cicciottello che stava nel passeggino, all'entrata del negozio di frutta e verdura dei miei. Ero un piacere a guardarmi, tant'è che mi venne il sospetto che mia madre mi mettesse all'entrata come attrazione pubblicitaria: «Se mangiate di questa frutta i figli vi vengono come questo...».

Comunque, lei era piuttosto preoccupata per me, per il fatto che non accennavo neanche a un passetto; non gattonavo nemmeno. E su quest'ultima cosa, secondo me c'avevo ragione: ma chi me lo faceva fare, a trascinarmi per terra, sul pavimento sporco, che poi magari mia madre mi avrebbe cucito apposta le pattine per le ginocchia e le mani, così mentre gattonavo pulivo pure gli angoletti? Meglio piangere un po', finché non arrivava qualcuno a prendermi in braccio e a spostarmi senza il minimo sforzo da parte mia. O no? Ero un bambino col senso pratico, direi.

Invece, arrivò questa signora, la sora Vincenza; mia madre si lamentava: «Ma che c'avrà 'sto regazzino? Non si muove mai... e come faremo?».

E mio padre: «Lascia fare, Anna. Per me è più comodo così: quando sarà grande, non me scapperà come il fratello quando je devo mena'».

Insomma, mentre i miei genitori si scambiavano opinioni sullo stile educativo da darmi e sulle mie capacità psicomotorie, la sora Vincenza li zittì: «Se vulite, v'o facc' cammina' io». La signora non era esattamente valdostana, malgrado abitasse a Roma – anzi, più specificatamente a Dragona, borgata romana dove sono cresciuto – da più di quindici anni.

I miei, un po' scettici, accettarono e io venni lasciato a casa della sora Vincenza ogni giorno, per una settimanella, negli orari di apertura del negozio; i miei si chiedevano se avesse poteri magici, perché davvero non si spiegavano come avrebbe potuto fare, mi consideravano una causa persa.

Invece, il trucco era uno solo: venni spogliato di tutte le fasce, col sederino al vento, tanto era estate; la signora mi prendeva per mano e mi invitava a camminare. Ben presto capì che andavo più veloce se mi metteva davanti una fettina di prosciutto, che passo passo spostava in modo che per raggiungerla avanzassi anche io. Insomma, in capo a una settimana, camminavo. Mi ci era voluta solo una settimana. Be', un anno, tre mesi e una settimana.

Comunque, il settimo giorno mi venne a prendere mio padre; la sora Vincenza gli disse di fermarsi sulla porta e di chiamarmi. Io ero con lei, in fondo al corridoio, dalla parte opposta. Mio padre: «Enricooo!». E io, con dei passetti incerti e un'andatura a scatti tipo Robocop, piano piano lo raggiunsi.

Mi hanno raccontato che mio padre si mise a piangere; dicono per l'emozione, ma a me resta il dubbio che fosse perché aveva capito che sarei scappato anch'io dalle sue botte, come mio fratello.

Ecco, è a questo che penso mentre guardo le gambine abbronzate di mia figlia; mentre mi chiedo se magari sarò proprio io quello che le farà fare i primi passi. E, in un assurdo scambio di ruoli, mi rendo conto che la vera maestra in questo sentiero è proprio lei.

Mi sto avventurando in un terreno, quello della paternità, con pochissime certezze, come tutti; con tantissimi dubbi, anche questo come tutti. E la sora Vincenza di questi passi, dei miei progressi nel mio cammino di padre, è Martina. Mi sembra di vederla, che mi viene incontro ogni giorno sulla porta di casa, quando rientro dopo il lavoro, dopo una tournée, a due come a diciotto anni, ogni volta con lo stesso sorriso, con lo stesso «ciao papà».

Uno schizzo d'acqua prodotto dalle manine di Martina mi distoglie da questi pensieri; meno male, sto diventando troppo serio, mentre la mia piccolina ride e chiacchiera da sola, a modo suo. Allora comincio anche io a parlare con lei, col suo linguaggio, con suoni inventati... ci divertiamo moltissimo: «Abalagnagna»; «Auuughnnniant»; «Tipittrruusstt»; «Sbufffimagn»; «Mammtgnmm».

Flora sbuca dalla porta della cabina: «Stavolta però ha detto mamma!».

Guardo mia figlia, guardo la mia compagna e penso che a volte, per amore, una bugia si può anche dire: «Sì, credo proprio che a modo suo volesse dire mamma».

Flora mi guarda rassicurata e abbraccia la bimba come se le avesse fatto un dono speciale. Io mi rendo conto che i regali che la vita mi ha riservato, l'ebbrezza di un lavoro che è il più bello del mondo, la gratificazione del successo, le piccole e grandi conquiste per le quali non mi sono mai risparmiato un giorno, al cospetto della mia giovane famiglia, sono come una scintilla rispetto al sole.

Rileggo le pagine di questo diario scritto di getto, ora che sto per vergare le ultime frasi, e mi accorgo che il mio racconto si chiude nell'attesa di una prima volta, la prima parola pronunciata da Martina, i primi passi, il suo primo dentino... Questo pensiero mi accende di entusiasmo. Quante prime volte dovrò testimoniare ancora? Quante volte sarò sorpreso, compiaciuto, felice, o magari anche impensierito, dai progressi di mia figlia lungo il percorso che l'attende? Spero e prego che siano infiniti, e gioiosi, e vitali, ma in ogni caso io sarò lì.

Le mie donne sono ancora abbracciate e sorridenti, io sento un calore nel petto, forte e avvolgente. E percepisco che, in fondo, il senso della vita – almeno della mia – è tutto qui.

Ringraziamenti

Le pagine di questo diario semiserio sono esaurite, eppure mi sento tutt'altro che alla fine di qualcosa. La mia avventura «paterna» è cominciata da così poco tempo che ogni giorno è un nuovo foglio bianco da riempire.
E la prima persona che devo ringraziare per questo è Lei, l'ispiratrice dei miei scritti, la protagonista indiscussa di questo volume come della mia vita: mia figlia Martina, che ha colorato di rosa la mia esistenza e mi ha fatto sentire «che rumore fa la felicità», come dice una canzone. Insieme a lei, *ça va sans dire*, il mio grazie va alla comprimaria del libro, Flora: per essere come è, per avermi dato la gioia più grande della mia vita e perché l'amo come un pazzo.

Grazie ai membri delle nostre famiglie, che ci sono vicini, che mi hanno permesso di citarli in questo libro e ci aiutano in un momento così intenso per noi: i genitori di Flora, Marilena (la baby sitter preferita di Martina) e Pino; mia madre Anna; i nostri fratelli, Matteo e Rino; nonna Diana.

Grazie a un numero folto di amici, che a nominarli a uno a uno poi magari mi perdo qualcuno e invece li voglio racchiudere in un abbraccio immaginario proprio tutti, senza lasciarne fuori nessuno; grazie ai due autori, che sono anche loro prima di tutto amici, con cui mi sono confrontato nella scrittura di questo libro: Manuela e Massimiliano.

Un grazie di cuore va anche a voi, pubblico, che ci inondate di messaggi affettuosi sui social network e di grandi sorrisi quando ci incontrate dal vivo.

Voglio poi ringraziare mio padre, che da lassù, ne sono certo, si starà godendo tutto lo spettacolo; e grazie a Dio, per ciò che mi ha concesso finora e per quanto ha in serbo per il domani, che sarà sicuramente magnifico. Perché, sempre per citare una canzone... il meglio deve ancora venire!

Indice

Introduzione 7
Uno 11
Due 25
Tre 35
Quattro 45
Cinque 57
Sei 67
Sette 79
Otto 91
Nove 103
Dieci 113
Undici 121
Dodici 133
Tredici 143
Quattordici 153
Quindici 163
Sedici 175
Diciassette 189
Diciotto 201
Diciannove 211
Venti 223
Ringraziamenti 235

Questo volume è stato stampato nel mese di ottobre 2017
presso Grafica Veneta S.p.A. – Via Malcanton, 2 – Trebaseleghe (PD)

Printed in Italy

Questo volume è stato stampato nel mese di ottobre 2017
presso Grafica Veneta S.p.A. – Via Malcanton, 2 – Trebaseleghe (PD)

Printed in Italy